国家交通重大工程档案西藏公路卷

# 国道214线

## 昌都至邦达机场公路新改建工程昌都至加卡段

# 工程档案

《国家交通重大工程档案》编辑部 编著

图书在版编目（CIP）数据

国道214线昌都至邦达机场公路新改建工程昌都至加卡段工程档案 /《国家交通重大工程档案》编辑部编 .—北京：方志出版社，2021.12
（国家交通重大工程档案 . 西藏公路卷）
ISBN 978-7-5144-5048-4

Ⅰ . ①国… Ⅱ . ①国… Ⅲ . ①高速公路—道路工程—工程档案—西藏 Ⅳ . ① U415 ② G275.3

中国版本图书馆 CIP 数据核字（2022）第 039210 号

·国家交通重大工程档案西藏公路卷·

国道214线昌都至邦达机场公路新改建工程
昌都至加卡段工程档案

编　　者:《国家交通重大工程档案》编辑部
责任编辑: 李　静

出 版 者: 方志出版社
地址　北京市朝阳区潘家园东里9号（国家方志馆4层）
邮编　100021
网址　http://www.zgfzcb.cn
发　　行: 方志出版社图书经销中心
电话（010）67110500
经　　销: 各地新华书店
印　　刷: 北京地大彩印有限公司

开　　本: 787 × 1092　1/16
印　　张: 14.875
字　　数: 264千
版　　次: 2021年12月第1版　　2021年12月第1次印刷
印　　数: 900册

ISBN　978-7-5144-5048-4　　定价: 690.00元

《国家交通重大工程档案》

# 编纂说明

改革开放特别是党的十八大以来，我国综合交通事业发展突飞猛进，成就举世瞩目，已成为门类齐全、设施发达、设备先进、基数庞大、网络完备的交通大国，一大批交通重大工程建设项目不仅在中国乃至在世界交通发展史上都书写了辉煌、创造了奇迹。

为全面系统记录我国综合交通重大工程建设发展历程和现状，客观展示中国交通重大工程建设取得的巨大成就，深刻诠释“交通强国”的发展理念，生动反映我国交通建设者继往开来、砥砺奋进，朝着“交通强国”宏伟蓝图，朝着中华民族伟大复兴的中国梦，踏石留印，一路前行，经国家发展和改革委员会基础产业司（现为基础设施发展司，下同）批准，由《中国交通年鉴》社启动编纂《国家交通重大工程档案》（以下简称《重大工程档案》）。

《重大工程档案》分为综合卷和系列卷，系列卷由铁路卷、公路卷、水路卷、民航卷、管道运输卷、城市交通卷、企业卷、地方交通卷等组成；采取纪实性大型资料工具书形式，以文字、图片、数据表格、效果图等方式，简要、系统、直观、立体地呈现我国交通重大工程建设取得的巨大成果。

《重大工程档案》记述对象从 1978 年改革开放开始，以国家综合交通“五年规划”为主线，筛选各建设时期具有重大社会效益、经济效益和具有代表性、标志性及科技创新性的重大交通工程项目为收录对象，重点以“十二五”规划接转项目和“十三五”规划在建、竣工的重大工程项目为主。编纂内容主要包括项目基本情况、审批依据、建设意义、投资主体、工程进度、新技术应用和项目评估等。

《重大工程档案》全套丛书彩色印刷，图文并茂，设计装帧精美，由国家级出版社公开出版发行。同时，呈送党中央、国务院、全国人大、全国政协领导和相关机构及国家有关部、委、局、署。

《重大工程档案》主要发行对象为各省区市发展改革委、交通运输部门及相关建设单位等。编纂《重大工程档案》对于建立综合、权威的国家交通重大工程数据库，为政府决策机构提供翔实的参考数据并存史资政，宣传推广我国综合交通行业取得的重大成就和科技成果，具有重要的历史价值和现实意义。

《重大工程档案》指导单位为国家发展和改革委员会基础产业司，组织单位为《中国交通年鉴》社《国家交通重大工程档案》编委会，编纂单位为《中国交通年鉴》社《国家交通重大工程档案》编辑部。

编纂《重大工程档案》得到了国家有关部委，中央国有大型企业，各省、自治区、直辖市有关厅、局、委及交通重大工程建设指挥部、项目部和项目管理单位、建设单位、设计单位、施工单位、监理单位等有关领导、专家、学者、交通建设者的大力支持和帮助，在此一并表示感谢！

《国家交通重大工程档案》编委会

# 卷首语

## 高原上的品质路　人民心中的幸福路

千山之巅，万水之源，拥有灿烂民族文化的西藏，神秘而又充满魅力。走在蜿蜒曲折的国道 214 线与碧水蓝天的澜沧江边，曾无数次畅想：国道 214 线昌都至邦达机场公路新改建工程完工后，将给这片土地带来怎样的变化？是便捷、通达、高效……直到现在，才发现它带给这片土地的是幸福，由交通带来的幸福。

幸福在于——这是一条希望之路，承载着西藏地区人文往来，经济社会发展、人民通往幸福的新希望。

西藏昌都至邦达机场专用公路是国道 214 线在昌都境内的重要组成部分，既是连接昌都镇与邦达机场的快速通道，又是连通昌都市北部国道 317 线经济带和南部国道 318 线经济带的重要交通干线。

国道 214 线昌都至邦达机场公路新改建工程昌都至加卡段（以下简称“昌加改造工程项目”）作为西藏自治区“十三五”规划建设和跨越式发展规划建设的重点项目，对西藏自治区“三纵两横六通道”骨架公路网的建立起到突出作用。其建设是贯彻落实国家对西藏经济社会发展政策、提升藏北公路网功能、改善藏北地区交通基础设施条件、进一步促进西部大开发建设进程、改善沿线地区投资环境的重要体现，对带动西藏自治区经济社会发展、加强国防建设、促进民族团结等也具有十分重要的意义。

幸福在于——这是一条品质之路，各参建单位攻坚克难，通过建立质量保障体系、制定安全生产目标、加强工期进度管理等手段，扎实推进工程建设，打造品质化之路。

昌加改造工程项目作为西藏自治区的重点项目，在地势险要、气候多样、人文环境复杂的背景下，对工程质量的要求精益求精，既注重工程建设质量，也严格把控建设管理流程。通过实施精细化、标准化、现代化的管理，把项目工程高品质目标放在首位，用实际行动践行高质量发展新要求。

幸福在于——这是一条创新之路，多少个技术人员的攻坚克难，多少个新技术新工艺的应用实施，造就了一条新时代发展之路。

在昌加改造工程项目中，各参建单位立足科技创新，释放创新驱动的原动力，让创新成为发展基点，开拓发展新空间，创造发展新机遇，打造发展新引擎，在施工过程中不断采用新工艺、新技术和新管理办法。这条现代化公路的建设将在西藏交通发展史上留下不可磨灭的印记。

幸福在于——这是一条生态之路，环境就是民生，青山就是美丽，蓝天也是幸福。

公路建设在施工期间对生态系统影响极大，非常容易造成非污染性破坏，对土体原有的自然结构和水的循环路径造成影响，改变生物的生存环境，阻碍生态系统的发展，从而威胁沿线居民及各种生物的生活环境，生态环境保护工作刻不容缓。

该项目的参建单位未雨绸缪，依靠制度保护生态环境，从制定制度入手，预防施工对生态环境的破坏，避免生态环境遭到破坏，防止给当地居民生活带来不便。

幸福在于——这是一条奋斗之路，各参建单位披星戴月、日夜兼程，努力拼搏，为之奉献。

昌都公路的建设者是伟大的工匠，是富有战斗力的团队，是西藏公路发展的开拓者，他们充满激情，不畏艰难，把一块块砖石垒砌成坚实壮美的“罗马大道”，用智慧和力量开拓事业。他们远离家 乡，艰苦努力，不断创新，各项工作都取得了显著成绩，为公路行业发展贡献力量。

没有比脚更长的路，没有比人更高的山。在这里，攀登品质高峰的精神驰而不息，追逐伟大梦想的脚步铿锵有力。

中国梦是历史的、现实的，也是未来的。新时代的号角已经吹响，新时代的建设者们一定会在奋斗中释放青春激情、追逐青春理想，为民族复兴铺路架桥，为祖国建设添砖加瓦，为实现中国梦注入磅礴力量。

《国道 214 线昌都至邦达机场公路新改建工程昌都至加卡段工程档案》编委会

昌加改造工程项目施工现场

昌加改造工程项目第二标段蒙普 2 号桥

蒙普特大桥

昌加改造工程项目第一标段野堆 1 号特大桥

# 目录

昌加改造工程项目第三标段梁场

# 公路建设大提速　助推西藏大发展

## ——中央第六次西藏工作座谈会以来西藏交通运输事业发展成就

中央第六次西藏工作座谈会以来，在党中央的英明领导下，西藏自治区党委、政府和交通运输部认真贯彻落实习近平总书记关于治边稳藏的重要论述以及一系列重要指示批示精神，从全局和战略的政治高度，做出了加快推进西藏交通运输发展的一系列具体部署安排，对西藏交通运输工作给予了全方位的指导、支持和帮助，有力地推动了西藏交通运输事业全面提速、加快发展。西藏自治区交通运输厅党委、西藏自治区交通运输厅以中央第六次西藏工作座谈会为全新起点，大力传承和弘扬“老西藏精神”和“两路”精神，在抓紧抓实高速公路、“四好农村路”、国家边防公路建设的同时，全面统筹抓好抓细公路养护、运输服务、行业管理，取得了历史性成就。

中央第六次西藏工作座谈会召开后的五年，是西藏交通历史上公路投资规模最大、公路基础设施建设最快、管理服务水平显著提升、交通支撑保障作用持续增强、人民群众得实惠最为明显的时期，为西藏经济社会发展、维稳固边、民生改善、民族团结、凝聚人心，夯实了坚实基础，为西藏决战脱贫攻坚、决胜全面小康，实现中华民族第一个百年奋斗目标发挥了交通先行的重要作用。

一是固定资产投资实现大跃升。“十三五”期间，全自治区完成交通运输固定资产投资2516亿元，是“十二五”期间的3.7倍。公路交通在全自治区固定资产投资中占比30%以上。公路交通促进经济社会发展的先行引领与投资拉动作用凸显。“十三五”期间，西藏自治区公路通车里程达到11.88万千米，创造了年均增长8100千米的高原奇迹。

二是助力脱贫攻坚实现大增效。深入贯彻落实习近平总书记关于“四好农村路”建设的重要指示精神，西藏自治区交通运输厅党委、西藏自治区交通运输厅以“思路围着脱贫转、项目向着农村调、资金朝着攻坚增、目标盯着精准干、公路为着小康建”的思路，大力发展农村公路和农村客运。五年来，西藏累计实施农村公路项目3123个，新改建农村公路3.82万公里，解决了286个乡镇、2905个建制村、391个易地扶贫搬迁集中安置点（区）道路连接线通畅问题。全国最后1个未通沥青路的县城墨脱县通了沥青路，全自治区最后1个未通公路的乡镇甘登乡通公路；乡镇、建制村通达率达100%和99.96%，通畅率达93.7%和75.9%。提前实现具备条件乡镇和建制村全部通客车目标。累计吸纳农牧民转移就业58.69万人次，吸纳高校毕业生就业742人，真正做到了“修一条路、富一方民”。中央第六次西藏工作座谈会召开后的五年，是西藏历史上农村公路投资最大、建得最快、修得最好、老百姓得实惠最多的五年，广大农牧区群众在交通大发展中真切感受到了持续提升的获得感、幸福感、安全感。

三是高速公路建设实现大提速。2011年，拉萨至贡嘎机场高速公路通车，结束了西藏没有高速公路的历史。中央第六次西藏工作座谈会的胜利召开，引领着西藏高等级公路建设进入了高速发展时代。西藏先后建成林芝至拉萨、日喀则机场至日喀则市、贡嘎机场至泽当、八一镇至米林机场4条高等级公路，昌都至加卡高速公路于2020年10月30日建成通车，拉萨至日喀则机场高速公路有望2023年投入运营，将实现拉萨、日喀则、山南、林芝4地市通高速公路，形成以拉萨为中心的3小时经济圈；拉萨、日喀则、山南、林芝、昌都5地市机场通高速公路，区域协调发展能力和综合交通运输体系得以快速提升。截至2021年8月21日，西藏高等级公路里程达到1105千米，对促进西藏融入“一带一路”倡议，建设面向南亚开放大通道，发挥了极为重要的支撑作用。

四是“两路”精神增添大能量。“两路”精神是西藏交通人的“传家宝”，是西藏交通运输事业发展的不竭动力。西藏交通运输系统深入贯彻落实习近平总书记对川藏、青藏公路建成通车60周年做出的重要批示精神，以“两路”精神纪念馆为红色基地，筑牢了“红色基因”，打造了“红色品牌”，释放了“红色能量”。2019年11月12日，“两路”精神纪念馆被国家民委命名为“第六批全国民族团结进步教育基地”。开馆以来，200余家单位的干部职工、部队官兵、企业员工、离退休老同志共1.3万余人前来观展，为西藏精神文明建设和民族团结教育植入“红色基因”。在“两路”精神的鼓舞下，区交通运输厅系统先后圆满完成了“4・25”尼泊尔地震、G109唐古拉山段阻断、“10・11”金沙江堰塞湖、林芝尼西森林山火等特大运输保障等急难险重抢险保通任务45次。

五是“十四五”规划引领大跨越。在当前和今后一段时期，西藏交通运输部门将进一步把握新发展阶段、贯彻新发展理念、构建新发展格局，围绕“稳定、发展、生态、强边”四件大事，把“三个赋予、一个有利于”要求贯穿交通运输工作各个方面，不断弘扬“老西藏精神”“两路”精神，高质量推进“十四五”规划落地见效，为推动西藏长治久安和高质量发展提供坚实的交通运输保障。

“十四五”期间，西藏将加快公路交通重大项目建设，建设更多的“团结线、幸福路”，加大推进进出藏通道建设，除了完成 G6 青藏高速那曲至拉萨段、G4218 拉萨至日喀则机场高速公路、G219 墨脱至察隅段等项目建设外，还要深化 G6 格尔木至那曲、日喀则至吉隆，G0613 昌都至邦达机场等项目前期工作；完成川藏公路 G318、新藏公路 G219 以及滇藏公路 G219 西藏段提质改造；打通 G219 待贯通路段，实现全自治区国道全部黑色化；完成川藏铁路配套公路项目建设；加强国防边防交通保障能力建设，为强边固防、兴边富民提供有力保障。

西藏还将巩固脱贫攻坚成果，服务乡村振兴战略，全面推动“四好农村路”建设，扎实开展“我为群众办实事”实践活动，2021 年年底前解决好全自治区 55 个行政村硬化路“最后一公里”问题；“十四五”期间，力争实现全自治区 100% 的乡镇和 88% 的建制村通硬化路，力争更多乡镇、建制村通客车，努力解决城乡发展不平衡不充分问题，让西藏各族群众的获得感成色更足、幸福感更可持续、安全感更有保障。

力争到“十四五”末，西藏公路通车总里程和高速公路通车里程分别达到 12 万千米和 1300 千米，西藏国道全部黑色化，实现所有乡镇、建制村通硬化路。

中央第六次西藏工作座谈会以来的五年里，西藏交通运输系统牢固树立以人民为中心的发展思想，坚持新发展理念，取得的成就令世人瞩目。这些成就的取得是以习近平同志为核心的党中央亲切关怀的结果，是中央和国家有关部委倾力支持的结果，是全国人民无私支援帮助的结果，也是西藏各族人民和西藏交通人一起，在西藏自治区党委、政府的坚强领导下，传承和弘扬“老西藏精神”和“两路”精神、凝心聚力、苦干实干的结果。

西藏自治区交通运输厅将始终坚持以习近平新时代中国特色社会主义思想为指导，增强“四个意识”、坚定“四个自信”、做到“两个维护”，不忘初心、牢记使命，面对成就找差距、静下心来补短板，在新时代的奋进中找准新定位、展示新作为、勇攀新高峰，以迎难而上、敢打硬仗，交通先行、永不停步的实际行动体现对习近平总书记和党中央的绝对忠诚！

西藏自治区交通运输厅厅长

昌加改造工程项目第二标段蒙普特大桥

# 推动交通运输加速发展，助力西藏经济社会更大进步

——访西藏自治区交通运输厅副厅长陈朝

来到西藏，蓝天白云、雪域高原、风俗民情令人神往，但更令人叹为观止的还有蜿蜒曲折又气势磅礴的一条条“黑色长龙”，特别是绵延千里的川藏、青藏公路，穿山越岭，腾江跨河，书写了不朽的传奇。

作为西藏自治区交通运输厅的副厅长，陈朝深知责任之重大，使命之光荣。在陈朝看来，西藏交通最大的精神财富便是“两路”精神，有此作为依托，不论过去还是现在，一切困难都可以克服。特别是习近平总书记就两路通车 60 周年做出重要批示后，西藏交通运输厅更是紧紧抓住“两路”精神的传承弘扬，将其作为工作的重中之重，从上到下教育广大干部职工，鼓舞士气，推动工作。

陈朝表示，在农村公路建设方面，“十三五”期间，交通运输部给予西藏交通大力支持，特别是农村公路发展突飞猛进，74 个县区实现“县县通油路”，乡镇通畅率达到 93.7%，建制村通畅率达到 75.9%；与此同时，“十三五”期间，为了提升农村公路安全通行水平，国家投资 29.1 亿元实施全区农村公路危桥改造与公路安全生命防护工程，对于减少交通事故，保障人民生命财产安全起了重大作用。

在高速公路建设方面，“十二五”期间，全区只有一条拉萨至贡嘎机场 37.8 千米的高等级公路，而在“十三五”期间，西藏则告别了没有高速公路的历史。虽然相比全国高速公路建设速度仍较为缓慢，但到 2020 年年底，高等级公路通车里程已突破 1000 千米。以拉萨为中心，辐射那曲、日喀则、山南、林芝的高等级公路以及支线网络将构建完成。

在陈朝的眼里，西藏交通的发展，离人民满意的交通特别是离偏远地区人民的出行需求还有很大差距，可谓任重而道远。究其原因，资金投入有限是最大的问题。目前，西藏交通建设最大的难点有四点：一是西藏自治区面积 120 多万平方千米，群众居住较为分散，公路建设里程相比其他省市更长。二是西藏公路建设都是国家全额投资，地方财政能力有限，公路建设资金不足，导致资金需求与供给之间不够平衡。三

是西藏作为“地质博物馆”，地形条件特别复杂，地质灾害特别多且严重，造成建设成本加大、难度加大。四是西藏生态脆弱，公路建设环保压力巨大。

陈朝认为，目前西藏亟待补齐的短板是高速公路，与新疆、青海、云南、四川的高速公路都还没有连接，下一步交通运输厅将力推川藏线作为重要工程，这一方面是为了落实交通运输部提出发展“绿色公路”的要求，另一方面也是基于公路的维护成本、使用寿命、安全运营等因素的综合考虑。同时，由于四川经济发展增速很快，川藏高速公路的建成对带动西藏社会经济的快速发展也将大有裨益。

对于西藏交通来说，每一条高速公路都可以称之为重点工程，但在陈朝看来，有两条高速公路特别值得关注。其一是拉日高速公路。交通运输部批复的拉萨到日喀则高速公路，作为国家“一带一路”倡议在西藏区域内唯一的一条高速公路，将辐射西藏第二大城市日喀则，同时连通阿里，打通至印度及尼泊尔的陆上通道，对于拉动经济、巩固边防都有非常重要的意义。同时，作为西藏平安交通、绿色交通、智慧交通的试点工程，交通运输厅给予高度重视，力求以高质量的精品工程呈现世人。拉日高速公路建设难度很大，桥隧占比特别高，达70%。施工难度极大，需穿越很多断裂带。同时，作为试点工程，工程进行中有针对性的试验性课题研究很多，又要兼顾施工进度，挑战非常大。其二是昌加高速公路。昌加高速公路是川藏公路的一部分，定位为支线高速公路。昌加高速公路的建成通车将极大地推动昌都经济社会发展，并成为扶贫攻坚的重要抓手。下一步，交通运输厅将推动与昌加公路连接的二级公路，满足更多人民群众出行的需求。昌加高速公路最大的难点在于澜沧江。昌都地形特点是山高谷深，可供公路利用的走廊带几乎没有，只能建设沿溪公路，而这也直接导致桥梁特别多，桥隧占比高达70%。由于沿河布线，很多桩基都要建在水中，还要考虑行洪及阻水等诸多因素，水保问题特别突出。西藏交通部门还特别加强力量，以确保施工得以高质量顺利完成。同时，为了解决江水对于桩基造成的冲刷问题，施工过程中不但采取了许多新的工艺，而且开展了多项科研攻关，取得了良好效果。

陈朝认为，交通建设的快速部署实施，对于西藏经济发展的助力作用日益凸显，特别是对于扶贫攻坚工作尤其重要。近两年，交通运输厅始终把扶贫攻坚放在工作的首位，无论是脱贫奔小康还是乡村振兴战略，交通运输厅始终走在自治区前列，交通扶贫在西藏要永远排在第一位。因为只有公路修通，扶贫攻坚才能顺利开展，西藏交通扶贫工作得到了自治区和交通运输部的高度重视和充分肯定。

对于今后的工作，陈朝表示，虽然西藏交通建设交出了不俗的成绩单，但是，基础建设横向比较仍相对落后，交通建设仍任重而道远。西藏交通运输厅将按照自治区党委、政府的要求，积极争取进入交通运输部“交通强国”试点单位中去，力求推动西藏交通建设步入快车道，打造更为完善优质的公路基础设施网络，为西藏经济社会发展提供更强助力，发挥更大作用。

野堆二号特大桥

# 澜沧巨龙　喷薄而出

——专访昌加项目指挥长强巴

在昌都市，扎曲河与昂曲河交汇形成澜沧江，并由此以磅礴之势冲破层层大山，浩浩荡荡地奔腾向前。此情此景，在昌加项目指挥长强巴眼中，异常壮美，但如果想征服这条狂暴不羁的河流，令昌加高等级公路与其相伴而行，也将意味着面对更多的艰难险阻与重重挑战。

## 战略工程　每米都是挑战

众所周知，国道214线是连接青海、西藏、云南的重要通道，公路所处区域生物、景观、地质多样，具有丰富的自然历史文化，独特的宗教信仰和少数民族风情，自古以来是藏汉经济文化交流的通道。昌都至邦达机场公路新改建工程昌都至加卡段是国道214线的重要组成部分，该工程是西藏自治区“十三五”规划建设的重点项目，是西藏自治区党委和政府在习近平新时代中国特色社会主义思想的引领下，积极贯彻落实以习近平同志为核心的党中央“治国必治边，治边先稳藏”重要战略思想，为国家的长治久安和西藏自治区各族人民的福祉而立项的工程。

该项目的建设对巩固国防，维护社会稳定，促进沿线经济发展，改善民族地区生产、生活，完善区域路网结构和功能等具有重要的意义。与此同时，昌加公路的建设是昌都市78万人民群众翘首以盼的民生工程，对缓解昌都市交通堵塞问题起到极大的作用，意义重大。

昌加改造工程项目起点位于昌都城区生格村附近，路线沿澜沧江布设，经卡诺镇、青达村、热巴村，止于加卡经济开发区梯贡村接现国道214线。虽然全长只有20余千米，但每米都是“难啃的硬骨头”。由于线路沿现有国道214线和澜沧江河谷两岸展线，导致全线桥隧比高达70%，再加上狭窄的作业面以及恶劣的高原环境，使得工程进展举步维艰。与此同时，水中桩施工、梁板预制施工、侧格2号桥刚构桥挂篮施工带来的技术挑战也令人倍感棘手。

## 规范化管理标准化建设

强巴首先从工程质量管理入手，建立了以项目负责人及总工为核心的质量管理网络；形成质量全员控制，一级抓一级，人人肩上有指标的良好局面。

同时，强巴严格按照规范化管理和标准化建设，推行“首件工程认可制”，保证西藏交通运输厅下达的项目管理目标有效落实。督促监理单位对施工单位原材料进行严格检查审批，并对地材、水泥、钢筋等原材料进行现场取样检测工作。

为保证工程质量，指挥部开展混凝土外观质量专项检查活动和钢筋焊接与绑扎质量专项检查活动、隐蔽工程质量专项检查活动、三背回填及高边坡治理专项活动、2019年项目五项质量专项检查活动、2019年度职工劳动和技能竞赛等系列活动，取得了非常好的效果。

为了加强施工现场管理，指挥部各部门负责人及部门工程师每天上工地巡查，重点检查现场质量和违规施工现象，对不合格工程坚决返工并加以处罚，绝不留隐患；对质量问题严重的单位，下发整改通报并召开现场会，防微杜渐，以儆效尤。

此外，强巴对安全管理严抓不懈。在安全工作上，指挥部与各参建单位分别签订《安全工作生产目标责任书》，并制定指挥部各部门《安全职责》、签订《个人安全责任书》。对于危险性较大的分部分项工程，本着科学、合理、安全、具有可实施性的要求编制专项施工方案。方案中考虑安全施工措施，以确保“实现无重大伤亡事故，有效防止一般安全事故”的“平安工地”建设目标。

指挥部安全巡查重点有桥梁高墩、临边防护、隧道工程作业、大型设备吊装等。对检查出现的问题要求总监办督促施工单位限期进行整改。

功夫不负有心人，昌加项目在指挥部的督导下，安全指标保持了优良的成绩。特别是在2018年澜沧江突发洪水的情况下，由于统筹部署到位、沟通传达及时，确保了全体施工人员的生命安全，也从一个侧面验证了昌加项目的安全管理水平。

## 是荣光 更是责任

在西藏施工，保证施工人员思想稳定也是非常重要的一环，身为指挥长的强巴为切实解决民工工资问题、保障农民工的合法权益、维护社会稳定、确保项目顺利进行，指挥部要求各项目经理部在聘用民工时，必须通过合法途径，并依法签订《劳务合同》。指挥部高度重视民工工资发放问题，并制定《民工工资管理办法》，从资金审批，到现场民工实名制统一管理，工资发放监督及过程全程录像等措施，确保民工工资发放到位。

同时，强巴要求指挥部积极贯彻落实西藏自治区党委、政府关于脱贫攻坚的要求，发挥交通扶贫的重要作用，为当地百姓创造就业与增收渠道。截至2019年12月，昌加项目部为当地创造税收6037万元；解决当地群众就业6542人次，增加农牧民收入1093万元；项目机械租赁费5760万元；地材采购55976.57万元。

身为一名党员，强巴不但在昌加项目中身先士卒，发挥党员的模范带头作用，还积极发挥党支部的先锋堡垒作用。指挥部成立了临时党支部，建立了党员活动室，抓党风廉政教育。围绕“不忘初心、牢记使命”主题教育，加强项目自身建设，提高项目管理水平，对项目管理、设计、施工、监理提出更高的要求，以严格的作风、严格的要求、严格的措施，推动项目的建设工作。

按照西藏自治区纪委驻交通运输厅纪检组及公司的要求，指挥部、总监办、项目部分别签订了《廉政建设责任书》《廉洁从业承诺书》，严格按照西藏交通建设集团有限公司驻指挥部纪检组的要求，促进党风廉政建设工作的健康发展，筑牢拒腐防变的思想道德防线，加强指挥部及各参建单位的廉政建设工作，规范各单位工作人员廉洁自律行为。同时加强对各参建单位广大干部职工的宣传、教育，并积极开展自查自纠工作。

为了在项目竣工之时还西藏人民一个原生态的澜沧江，强巴严格按照环保厅，水利厅及地方环、水保部门相关文件的要求，开展环、水保工作。针对施工扬尘，各标段配置多台洒水车，不间断对施工现场进行洒水降尘。施工现场裸土覆盖，对损坏及覆盖不到位的施工点实现全面覆盖。临江桥梁施工的单位对已经完工的施工点进行环保恢复及河道清理，实现驻地对垃圾集中收集处理。而且还对沿国道214线施工全面实施封闭围挡，保护好雪域高原的山山水水、一草一木。

# 以梦为马情洒高原

——昌加改造工程项目建设指挥部总工程师陆向民

神秘的雪域高原，旷寥的高原牧场，迷人的民族风情，这一切都使人心思神往。很多人都有西藏情结，陆向民便是其中一个。也正因此，2016年6月，中交一公局号召技术援藏的通知一经发出，陆向民便积极申请，并如愿到西藏交通运输厅参与技术援藏，被安排在西藏交通建设集团负责项目建设管理工作。

虽然西藏之行得偿所愿，但是迎接陆向民的并非只有人间美景，更有常人难以适应的自然环境。在平原自感身强体壮的陆向民到了西藏，高原性高血压经常性地会飙升到接近200，不得不靠降压药勉强维持。

虽然身体诸多不适，但作为一名公路人，尤其是一名技术型援藏干部，陆向民的主阵地是在项目一线。2017年，陆向民在察芒公路指挥部担任总工。2018年4月，陆向民根据受援单位西藏交通建设集团安排，担任昌加改造工程项目建设指挥部项目总工一职，也迎来了在西藏的最大挑战。

昌加项目路线沿澜沧江布设、主线采用四车道一级公路技术标准建设，项目总投资47.32亿元，合同工期24个月，桥隧比约为70%，涉河工程超过30%，难度可想而知。但正所谓没有金刚钻不揽瓷器活，陆向民作为总工在参与修建的义乌到武义山区项目中，积累下的桩基施工、梁板预制、高边坡施工等一系列高难度操作经验，恰好可以在昌加项目中得以一展拳脚。陆向民凭着自己扎实的专业基础和工作经验，刻苦钻研业务知识，努力提高理论知识和业务工作水平，很快适应了工作环境。

在参与编制管理制度过程中，陆向民一丝不苟、严谨求实。以公路工程各项标准、规范为依据，以设计、招标和合同文件为准绳，广泛听取各部门和施工单位、监理单位意见，本着对从业各方高度认真负责的态度，经过近一个月的努力，圆满地完成了《国道214线昌都至邦达机场公路新改建工程昌都至加卡段品质工程实施细则》的编制、下发任务，为工程施工的标准化管理奠定了基础。

在项目管理过程中，陆向民做到先认真领会设计、招标及合同文件精神。再深入施工现场，仔细勘察，严把质量关，把各项管理规定落到实处。最后组织施工、监理等参建各方互相学习、讨论、总结，在质量、进度、安全管理上下功夫，不断提高，使项目管理上了一个新台阶。

在质量控制上，陆向民要求项目管理部门做到事前控制、以点带线、以线贯面，严把工序报验关：要求施工单位完善“三检”制度，构造物关键工序和路基、路面每个结构层竣工面按分部、分项严格向监理报验；要求监理落实好旁站、巡视工作，向业主绝对负责。

在“质量提升活动”中，陆向民组织开展“下部结构施工、梁板预制施工、梁板安装施工、隧道施工、桥面系施工、试验工作”等专项活动，在质量、安全、进度上保证工程随时处于受控状态，监督工程顺利实施、如期交工。

在陆向民与项目管理团队的共同努力下，昌加项目进展顺利。2019年，陆向民第一期援藏时间即将结束，但昌加项目也恰好进入关键时期，梁板预制接近尾声，桥面系施工进行的如火如荼，沥青路面即将大面积开展，后期还有伸缩缝等技术要求高的工程，工程还需要施工经验丰富、责任心强的技术质量负责人。受援单位领导希望陆向民留下来，但陆向民家中也十分需要他。父母年龄大了，两个孩子尚小正需要人照顾，家里的重担都交给了爱人。是继续事业还是回归照顾家庭，陆向民权衡再三，认为自己理应勇挑重担，完成项目的建设任务。最终选择再技术援藏一期（三年），圆满完成昌加改造工程项目建设任务。

在担任昌加改造工程项目指挥部总工的两年间，陆向民组织参建单位开展技术创新，解决了大直径桩基混凝土灌注问题，并获得实用型发明专利。据统计，他组织开展的十期质量提升专项活动，基本覆盖了每个分项工程、每个施工环节，确保了施工质量，获得了上级部门的肯定；积极组织当地受困车辆救援，得到当地农牧民的认可，获得锦旗一面；积极协调各参建单位解决农村进城务工人员工资问题，指挥部获得锦旗一面；积极与当地政府协调解决各类工程相关问题，获得卡若区民族团结先进集体称号。2019年，陆向民获得西藏交通建设集团有限公司“技术标兵”称号。

在陆向民心中，西藏已经成为第二个故乡，在西藏这几年最值得自豪的，是利用自己的经验，指导各参建单位开展项目建设，组织开展各项质量提升活动，保证项目质量可控、进度可控。

# 第一篇　概览篇

# 概述

从“要想富，先修路”到“交通运输是经济高质量发展的先行官”，无论哪一种说法，无一不佐证了交通对经济发展的推动作用。交通基础设施建设是影响地区社会经济发展的关键因素，昌加改造工程项目亦是如此，本篇把该项目的建设必要性精准呈现。

作为西藏自治区“十三五”规划建设和跨越式发展规划建设的重点项目，该项目不仅能够贯彻落实国家对西藏的经济社会发展政策，改变公路技术等级较低、抗灾能力较弱、服务水平较低的现状，提升藏北公路网功能，改善藏北地区交通基础设施条件，而且能够进一步促进西部大开发建设进程、改善沿线地区投资环境、促进经济社会发展、加强国防建设、强化民族团结，为西藏自治区的未来发展奠定基础。

# 一、项目简介

昌加改造工程项目是西藏自治区“十三五”规划建设的重点项目，也是西藏自治区跨越式发展规划建设的重点项目，路线全长 26.956 千米，起于昌都镇啤酒厂水源地附近，顺接昌都过境路终点，沿澜沧江两侧展线，依次经波妥村、卡若镇、昌都市加卡经济开发区，终点在梯贡附近。主线共设特大桥 7531.2 米 /5 座，大桥 9110.3 米 /16 座，中桥、小桥 269.8 米 /4 座，涵洞及通道 15 道，隧道 1147.5 米 /2 座，互通式立交 2 处。连接线中桥、小桥 97 米 /1 座，涵洞及通道 14 道。全线设置养护服务中心 1 处（用地面积 58 亩，建筑面积 2300.08 平方米），管理中心 1 处（用地面积 25 亩，建筑面积 7400 平方米）。

主线采用四车道一级公路标准建设，设计速度 80 千米 / 小时，整体式路基宽度 24.5 米，分离式路基宽度 12.25 米，桥涵设计汽车荷载等级采用公路 –I 级。连接线采用三级公路标准建设，设计速度 40 千米 / 小时，路基宽度 8.5 米，桥涵设计汽车荷载等级采用公路 –II 级。其他技术指标按《公路工程技术标准》(JTG BOl—2014) 执行。

该项目投资金额预估为 47.32 亿元，建设周期为自开工之日起 36 个月。

图 1–1–1　昌加改造工程项目第三标段侧格 2 号大桥（连续刚构）

# 二、项目概述

## （一）路线起点

该项目起点位于昌都镇生格村附近，属于昌都镇中心城区向昌都邦达机场方向的连接区域，是起点的最佳选用位置。生格村附近分布的交通干道主要有既有国道 214 线、茶马路等，结合路网布局、交通量分布、城市规划等因素考虑，该项目拟与国道 214 线在生格村警务站附近以平面交叉形式实行对接，远期待交通量增大到一定程度时，对平交口实行立交改造，以便适应远期交通量的要求。结合拟建的国道 214 线昌都镇过境段新改建工程，为尽可能节省投资规模，该项目与国道 214 线昌都过境段新改建工程进行对接，同时使项目与昌都市内部交通实现有效对接，起点设置了 1.3 千米连接线。

## （二）路线终点

根据昌都地方政府要求，该项目近期止于担担甲附近，与既有国道 214 线相接，并预留远期向昌邦机场接线的条件，尽量保证前期工程能为后期所用，以减少工程的浪费。来往昌都与邦达机场的车辆通过此处或项目上其他位置的三处互通立交可实现与国道 214 线之间的交通转换。

# 三、项目批复

## （一）施工图设计批复

བོད་རང་སྐྱོང་ལྗོངས་འགྲིམ་འགྲུལ་སྐྱེལ་འདྲེན་ཐིང་གི་ཡིག་ཆ།

西藏自治区交通运输厅文件

藏交发〔2017〕821号

**关于国道214线昌都至邦达机场公路新改建工程昌都至加卡段两阶段施工图设计的批复**

西藏交通建设投资有限公司:

你公司《关于审批国道214线昌都至邦达机场公路新改建工程昌都至加卡段两阶段施工图设计文件的请示》（藏交投发〔2017〕281号）收悉。根据区发展和改革委员会《关于国道214线昌都至邦达机场公路新改建工程昌都至加卡段可行性研究报告的批复》（藏发改基础〔2017〕988号）和我厅《关于国道214线昌都至邦达机场公路新改建工程昌都至加卡段初步设计的批复》（藏交发〔2017〕801号），经审核，现批复如下:

**一、建设规模与技术标准**

项目起点位于昌都城区生格村附近，顺接国道214线和国道317线昌都过境段公路新改建工程S线终点。路线沿澜沧江布设，

- 1 -

经卡若镇、青达村、热巴村、于昌都经济开发区设加卡隧道、捏大桶隧道两座，路线继续向南，跨过澜沧江后止于加卡经济开发区梯贡村接现国道214线。主线全长26.956公里，同时建设城关镇连接线1.268公里。主线共设特大桥7531.2米/5座，大桥9110.3米/16座，中桥、小桥269.8米/4座，涵洞及通道15道，隧道1147.5米/2座，互通式立交2处。连接线中桥、小桥97米/1座，涵洞及通道14道。全线设置养护服务中心1处（用地面积58亩，建筑面积2300.08平方米），管理中心1处(用地面积25亩，建筑面积7400平方米)

主线采用四车道一级公路标准建设，设计速度80公里/小时，整体式路基宽度24.5米，分离式路基宽度12.25米，桥涵设计汽车荷载等级采用公路-I级；连接线采用三级公路标准建设，设计速度40公里/小时，路基宽度8.5米，桥涵设计汽车荷载等级采用公路-II级。其他技术指标按《公路工程技术标准》(JTG B01-2014)执行。

**二、路线**

（一）路线起终点、主要控制点及路线走向，符合初步设计文件审查要求。

（二）施工图设计结合地形地质条件、工程量、运营安全及工程投资等因素，运用技术指标，路线平、纵面设计基本合理。

**三、路基路面**

（一）同意施工图设计采用的路基组成设计参数及标准横断

- 2 -

面型式。

（二）同意施工图设计采用的路面结构型式。

（三）同意施工图设计采用的路基防护工程设计及其结构设计参数和路基、路面排水系统设计。实施中应根据实际地形、地质及径流条件，优化综合排水设计方案。

**四、桥涵隧道**

（一）同意施工图设计采用的桥型、下部结构和孔跨布置及其附属工程的设计方案。

（二）同意隧道设计方案。

**五、交通工程及沿线设施**

同意施工图设计中关于交通工程及沿线设施的设计方案。

**六、施工图设计预算**

核定国道214线昌都至邦达机场公路新改建工程昌都至加卡段两阶段施工图设计预算为4,732,101,734元，其中：建筑安装工程费4,117,824,649元；设备及工具、器具购置费24,668,410元；工程建设其他费用451,780,469元；核定预备费137,828,206元。

**七、工期**

建设项目总工期自开工之日起36个月。

请你公司按照基本建设程序办理相关手续，严格执行“项目法人制、招投标制、工程监理制、合同管理制”，加强项目质量、安全、进度和资金管理，强化环境保护、水土保持、节能减排、

- 3 -

公路保通和质量检测等工作，确保工程按期交付使用。

附件：国道214线昌都至邦达机场公路新改建工程昌都至加卡段两阶段施工图设计预算审核表

西藏自治区交通运输厅
2017年11月21日

抄送：厅综合规划处、建设管理处、审计监督处、财务处，区公路局，区交通质量安全监督局，区交通建设项目技术评审中心，中交第一院公路勘察设计研究院有限公司，中交第二院公路勘察设计研究院有限公司。

西藏自治区交通运输厅办公室　　2017年11月21日印发

- 4 -

图 1-3-1　设计文件批复

## （二）可行性报告的批复

བོད་ རང་ སྐྱོང་ ལྗོངས་
西藏自治区
འཕེལ་རྒྱས་དང་སྒྱུར་བཅོས་ལྷན་ཁང་གི་ཡིག་ཆ།
发展和改革委员会文件

藏发改基础〔2017〕988号

**关于国道214线昌都至邦达机场公路新改建工程昌都至加卡段可行性研究报告的批复**

自治区交通运输厅：

《关于审批国道214线昌都至邦达机场段新改建工程昌都至加卡段可行性研究报告的请示》（藏交发〔2017〕117号）及有关材料收悉。经研究，现批复如下：

一、为完善我区干线公路网，贯彻落实西部大开发战略部署，改善区域交通条件，促进沿线地区经济社会协调发展，经自治区人民政府批准，同意实施国道214线昌都至邦达机场公路新改建工程昌都至加卡段。

- 1 -

二、同意路线在既有国道214线走廊带内采用全线新建方案。路线起自昌都市卡若区生格村附近，与在建的国道214线和国道317线昌都过境段生格村隧道相接，经卡若镇、加卡经济开发区，止于梯贡村附近，复接既有国道214线，同步建设城关镇连接线。主线全长约27.1公里，城关镇连接线约1.3公里，全线共设置特大桥9637/6（米/座）、大桥7822/15（米/座）、中桥172/3（米/座），中短隧道1197/02（米/座）。主线在卡若、加卡2处设置互通式立交，另建互通连接线约1公里。同步建设必要的养护工区、交通工程及沿线设施。

主线采用四车道一级公路技术标准建设，设计速度80公里/小时，路基宽度24.5米、分离式路基宽度12.25米；城关镇连接线采用三级公路技术标准建设，设计速度40公里/小时，路基宽度8.5米。地形地质条件复杂、工程艰巨的路段，在保证行车安全的前提下，个别技术指标可适当降低。互通连接线采用三级公路标准建设。全线桥涵设计汽车荷载等级采用公路-Ⅰ级，其他技术指标应符合《公路工程技术标准》（JTGB01-2014）中的相关规定。

三、项目估算总投资控制在47.9亿元以内，由你厅申请纳入交通运输部“十三五”支持西藏交通发展总投资规模调整方案，通过车购税资金解决。在国家资金未到位前，建

- 2 -

设资金由西藏交通建设投资有限公司负责筹集。

项目单位为西藏交通建设投资有限公司。

四、建设工期36个月。

五、在后续阶段要进一步做好以下工作：

（一）论证路线起终点与路网的衔接，优化路线平纵线形设计，深化局部路线、桥位、隧道轴线方案比选，合理控制工程量和投资规模。

（二）加强澜沧江河床工程地质、水文地勘工作，合理确定桥长、桥型、布孔方案及墩台、基础结构形式。

（三）从技术层面科学论证局部跨江方案的安全性、经济性，避免诱发新的地质病害，做好环境保护和安全设计。

（四）优化施工期间交通组织和保通方案研究，确保既有国道214线在施工期间的道路畅通和运营安全。

六、请严格执行国家有关招标投标的规定，工程勘察、设计、建筑安装工程、监理、大宗材料和机械设备采购等全部实行公开招标，招标组织形式采用自行招标。

七、我委将会同有关部门督促项目单位按照建设环境友好、资源节约型公路的要求，通过加大新技术、新工艺、新材料、新理念的推广应用，优化设计，把保护生态和环境、节约和集约用地、节能减排等工作落实到位。

项目建设期间要加强管理、落实征地拆迁相应政策和措

- 3 -

施，合理掌握建设工期，确保工程质量，严格控制投资。

请按以上原则开展下一步工作，并编制初步设计报告，待条件具备后，报区交通运输厅审批。

西藏自治区发展和改革委员会
2017年10月30日

抄送：自治区监察厅、审计厅、财政厅、住房城乡建设厅、国土资源厅、环境保护厅、统计局、昌都市人民政府、发展改革委，西藏交通建设投资有限公司。

西藏自治区发展和改革委员会办公室　　2017年10月30日印发

图1-3-2　可行性研究报告的批复

# 四、项目组织机构

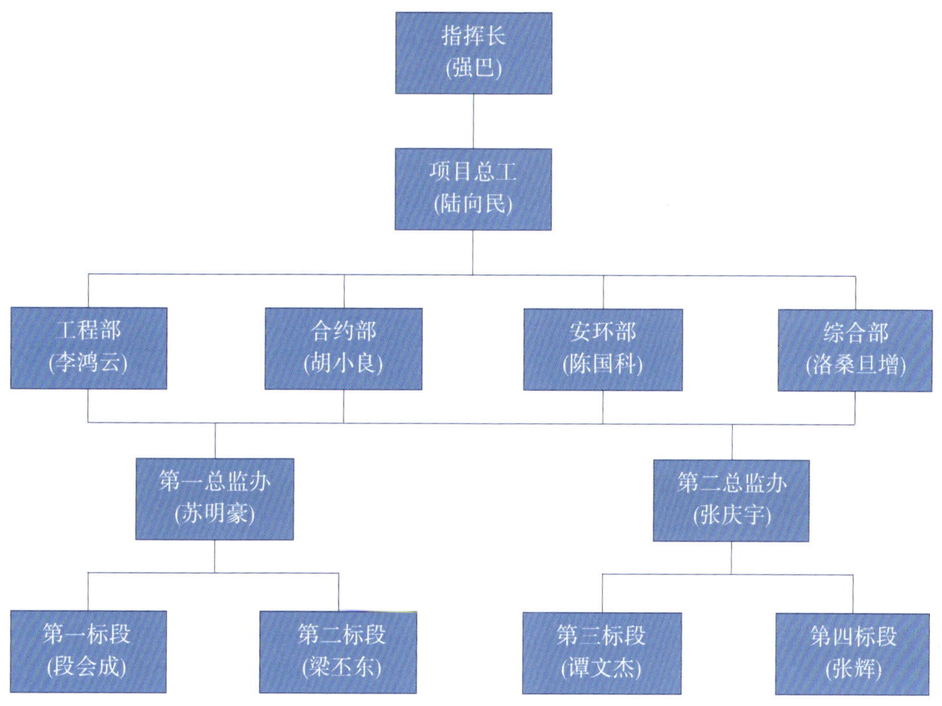


图 1-4-1 项目组织机构图

## （一）组织

该项目工地现场均设置指挥部，由指挥部对工程建设实施的全过程负总责，其主要职责是：

（1）监督参建单位严格按照设计文件的技术要求、工艺（序）进行施工，确保工程质量。

（2）合理安排工程工期，确保工程按期完工。

（3）按合同进行工程计量并及时支付工程计量款。

（4）监督施工单位做好安全生产工作，防止安全生产事故发生。

（5）协助开展项目交（竣）工验收，办理资产移交手续。

指挥部下设工程技术部、计划合约部、财务部、安环部、综合部。

### （二）管理人员配备

项目法人抽调具有丰富项目管理经验、业务素质较高的专业人员组建现场项目管理办公室。

（1）项目负责人：具有专业技术职称，具备多项重点公路项目的建设管理经历。

（2）项目技术负责人：熟悉、掌握公路工程技术标准、规范和规程，具有专业技术职称，具备2个及以上重点公路项目的技术管理经历。技术负责人全面负责项目的技术管理工作。

（3）财务负责人：熟悉、掌握财经法规和财务制度，具有中级及以上职称，具备多个重点公路项目的财务管理经历。

（4）关键岗位人员：计划合约部、工程技术部、安质环保部等部门负责人具备相应岗位的专业技术和任职资格，并分别具备3个及以上重点公路的建设管理经历。

## 五、项目建设意义

西藏昌都至邦达机场专用公路是国道214线在昌都境内的重要组成部分，既是连接昌都镇与邦达机场的快速通道，又是连通昌都市北部国道317线经济带和南部国道318线经济带的重要交通干线。根据胡锦涛等中央领导在第五次西藏工作座谈会议上的讲话精神、《中华人民共和国国民经济和社会发展第十二个五年规划纲要》，该项目在西藏自治区“三纵两横六通道”骨架公路网重要组成部分中具有突出地位，其建设对贯彻落实国家对西藏经济社会发展政策、提升藏北公路网功能、改善藏北地区交通基础设施条件、进一步促进西部大开发建设进程、改善沿线地区投资环境、促进区经济社会发展、加强国防建设、强化民族团结等均具有十分重要的意义。

### （一）深入贯彻落实中央西藏工作座谈会精神，推进西藏跨越式发展和长治久安

2010年1月18日至20日，中共中央、国务院召开了第五次西藏工作座谈会，强调西藏工作的主题是推进跨越式发展和长治久安，为此要更加注重提高基本公共服务

能力和均等化水平，要加强基础设施建设，完善综合交通运输体系，着力解决行路难等突出问题。“发展是解决西藏和其他藏区一切问题的基础和关键”“稳藏必先安康”“安康必先通康”。交通发展是藏区经济社会发展的最基本条件，更是区域经济社会发展的重要先决条件。国道 214 线作为出入西藏的重要通道，是西藏东部昌都市与青海、云南等周边省份沟通的南北向主要通道。该项目通过国道 214 线，进而通过国道 317 线、国道 318 线可有效地与周边省市实现交通快速连接。

该项目的建设对有效改善西藏昌都市的交通条件、稳藏安康、贯彻落实国家支持西藏地区经济社会发展政策等具有十分重要的意义。

### （二）落实“西藏自治区公路交通 2013—2017 超常规跨越式发展规划”，完善公路网结构，改善交通条件

中央第五次西藏工作座谈会明确提出，到 2020 年，西藏要同全国一道实现全面建设小康社会的宏伟目标，确立了西藏经济社会发展的阶段性任务。西藏自治区党委、政府也号召并要求全区要以“等不起”的紧迫感、“慢不得”的危机感、“坐不住”的责任感，确保如期实现全面建设小康社会的宏伟目标。在这一目标的指引下，西藏自治区交通运输厅主持编制了“西藏自治区公路交通 2013—2017 超常规跨越式发展规划”，形成了“四纵三横”的公路主骨架网，以适应并促进经济社会的发展。

为确保西藏实现跨越式发展和长治久安，国家也会继续加大对西藏地区政策扶植和投资力度，全力推进西藏交通运输实现新跨越，为经济发展提供坚实的交通运输保障。未来 5—8 年内，交通运输部和西藏自治区将投资近 1800 亿元发展交通运输，西藏交通建设面临重大发展机遇。根据“西藏自治区公路交通 2013—2017 超常规跨越式发展规划”，西藏自治区继续加强进出藏公路大通道的建设，确保进出藏通道的通畅、快速，满足进出藏通道“稳定线”“安全线”和“经济线”功能的需要，加快推进以拉萨为中心，通往林芝、日喀则、那曲、昌都等地区的快速干线公路网建设。

昌都市是西藏的东大门，受高山峡谷地形的制约，国道 214 线昌都镇至邦达机场段全长约 122 千米，技术标准为三级公路，其中浪拉山以前路段长约 100 千米，设计速度 30 千米 / 小时，浪拉山以后路段长约 22 千米，设计速度 40 千米 / 小时，路基宽度 7.5—8.5 米，最小平曲线半径 15 米，最大纵坡 8.0%。由于公路技术等级低、弯道多、抗灾能力较弱、地质灾害频发、堵车塞车呈常态化，难以形成安全快捷的交通服务能力，满足不了交通量的需求，交通成为社会经济发展的瓶颈。

图 1-5-1　昌加改造工程项目野堆 3 号特大桥

该项目是“西藏自治区公路交通 2013—2017 超常规跨越式发展规划”中第一纵的重要组成部分，项目的建设是落实“西藏自治区公路交通 2013—2017 超常规跨越式发展规划”的需要，对完善西藏自治区公路网结构、改善进出西藏的交通条件有着十分重要的意义。

## （三）适应西部大开发决策，落实西藏自治区“十三五”时期国民经济和社会发展规划纲要

1999 年 9 月，中央作出了“西部大开发”的战略部署，给西藏社会经济发展带来了希望的曙光和新的发展机遇。经过十年的不懈努力，从 1999 年到 2008 年的十年间，西藏自治区 GDP 由 105.98 亿元增长到 395.91 亿元，增长了约 3.74 倍。西藏在西部大开发决策指引下取得了举世瞩目的巨大成就，其中公路交通基础设施条件得到了极大改善，为促进西藏地区经济发展、社会进步、边疆稳定、民族团结发挥了巨大作用。

西部大开发实施的第二个十年又是一次区域性、综合性和竞争性的机遇，必须抓

住这一机遇，以实现西藏社会经济的超常规、跨越式发展。西藏自治区“十三五”时期国民经济和社会发展规划纲要明确提出要加大投入力度，加快建立与经济社会跨越式发展相适应的交通、能源、水利和通信等基础设施体系。该项目的实施正是顺应国家西部大开发战略、落实西藏自治区“十三五”时期国民经济和社会发展规划纲要的需要。

## （四）促进昌都市矿产资源开发和社会经济发展的需求

位于横断山脉、三江流域的昌都市，因其特殊的地理构造，具有丰富的矿产资源，蕴藏着巨大的经济发展潜力，开发前景极为广阔。

昌都市有着极其丰富的有色金属和非金属成矿带，主要有金、银、铜、铁、铬、钼、铀、锡、砷、煤、水晶石、冰川石、宝玉石、大理石、石灰石等矿种近百个，以有色金属矿为优势。目前已探明储量的矿产达 37 种，矿产地 96 处，有大型矿床 23 处，中型矿床 24 处。玉龙铜矿属国家两个特大型铜矿之一，是我国第二大斑岩铜矿。玉龙铜矿不但储量大、品位高，且伴生有相当数量的金、银、钼、铁、铅等有色金属，易于露天开采，开发前景广阔。

矿产资源的开发需要便利的交通条件，但西藏自治区内道路多为低等级公路，仅有国道 214 线、国道 317 线、省道 303 线等公路，主要为三、四级公路，技术等级较低，交通基础设施建设严重滞后，公路网未能发挥出应有的作用。项目影响区的矿产品受此影响，货物在途运输时间长，运输成本高，导致产品价格和供应量缺乏足够的市场竞争力，产品优势被降低，矿区的“造血”功能下降，如此反复恶性循环制约了矿产资源的开发利用，严重影响社会经济快速发展。

2013 年以来，昌都严格按照“强工重镇、带动两翼、东西发展、创建基地”的发展战略，紧紧围绕“把经济技术开发区打造为昌都改革开放窗口和示范区、产业聚集的高地、现代化城市的标志、美丽三江的宝地和经济发展新的重要增长极”的目标要求，着力做好昌都加卡经开区基础设施建设、征地拆迁、招商引资、融资贷款等工作，促进各项工作有序推进，取得实效。该项目的实施将极大加快加卡经开区的招商引资和经济建设，使昌都成为承担推进藏东经济社会快速发展的桥头堡。

该项目可以有效改善区域路网条件，提升路网骨架等级，使项目影响区与周边地区连接更加紧密，交通更加便捷，运输服务能力明显提升，从而推动地区矿产资源的开发利用和社会经济的迅速发展。

### （五）促进昌都古城旅游发展，构建茶马古道、唐蕃古道旅游精品走廊的需求

在《昌都市旅游发展总体规划修编（2012—2022）》中确定的昌都市未来旅游功能区结构为：2个旅游中心城镇、3个旅游副中心城镇、3条旅游精品走廊、5条旅游精品环线。

按照规划，该项目的建设将与邦达机场架起一道昌都古城对外便捷的交通桥梁，使昌都古城更好的参与昌都区域旅游发展合作，大大提高古城旅游中心的可达性和吸引力，在更大范围、更高层次、更深领域增强旅游的吸引力，从而促进旅游产业获得更大发展，推动旅游中心建设，极大提升茶马古道、唐蕃古道旅游品牌的形象，促进沿线旅游资源的综合开发，使区域内旅游从点到线再到面的扩张，有利于构建大资源、大市场、大旅游、大发展格局。该项目的建设对促进昌都市旅游发展有着重要的意义。

图 1-5-2　加卡互通现场图

## （六）加强民族团结、促进共同富裕和维护社会稳定的需求

西藏自治区公路网布局、交通发展现状与经济发展水平相比较为滞后。昌都市为少数民族聚集地区，人口较多，分布较广。长期以来，由于自然环境恶劣，生产力水平低下，广大人民群众生活贫困。沿线县区经济发展水平低，经济总量较小，农牧业基础脆弱，抵御自然灾害的能力差，竞争能力弱。

民族地区的发展进步不但需要各族群众自力更生、艰苦奋斗，也需要社会各方面的帮助。但民族地区的繁荣和发展，在很大程度上受着公路交通运输的制约。公路的畅通对维护国家统一、巩固边疆、稳定政局、加强民族团结、保持西藏地区政治稳定具有十分重要的意义。

该项目的建设对各民族互相合作、互相支持，共同发展、共同繁荣，维护社会稳定将起到积极的推动作用。

图 1-5-3 一标现场图

### （七）有助于满足建设社会主义新农村的需求

党的十六届五中全会提出要建设“生产发展、生活宽裕、乡风文明、村容整洁、管理民主”的社会主义新农村，公路等基础设施的建设是新农村建设的必备条件。西藏昌都至邦达机场专用公路新改建工程完成后，沿线的电力和通信等基础设施得到进一步改善，文化教育、卫生等事业有更进一步的发展，社会主义新农村才有可能得到实施。该项目的实施，对于改善农牧民生产生活条件，活跃乡村经济，促进城乡交流和城乡发展，建设社会主义新农村具有重要意义。

## 六、项目建设亮点

### （一）专项检查保障工程质量

为保证工程质量，该项目开展了混凝土外观质量专项检查活动和钢筋焊接与绑扎质量专项检查活动、隐蔽工程质量专项检查活动、三背回填及高边坡治理专项活动、冬期混凝土养生专项检查活动、2019 年项目五项专项检查活动等系列活动，不定期对各项建设工作进行专项检查。

### （二）选用性价比较高材质

该项目在桥梁横隔板、湿接缝施工中，全部采用 PVC 塑料材质模板，保证成型后不仅外观漂亮，而且质量优良，且循环利用次数比普通竹胶板多出 4 倍以上，节约材料，环保节能，性价比较高。

### （三）设备投入经济耐用

梁场龙门吊用电均采用单极铜滑触线，不仅可经受多种环境条件考验，且绝缘性能良好，对检修人员触及输电导管外部无任何伤害，输电导轨导电性能极好，散热较快，线路损失小，结构简单，电流密度高，电阻率低，可节电 6% 左右，且无需补偿线。

# 第二篇　规划篇

# 概 述

思深方益远，谋定而后动。昌加改造工程项目是一项复杂的系统工程，务实超前的规划则是实施这项系统工程的“第一道工序”。

按照《国家公路运输枢纽布局规划》《中华人民共和国国民经济和社会发展第十二个五年规划纲要》、胡锦涛等中央领导在第五次西藏工作座谈会议上的讲话精神等要求，昌加改造工程项目制定了因地制宜、科学精准的规划，为昌都交通发展再续新篇奠定了坚实的基础。

# 一、项目规划概要

昌都市位于西藏自治区东部，横断山脉“三江”流域（金沙江、澜沧江、怒江）的中上游，地理位置十分重要，是藏东地区门户重镇，由西南进入其他省市的必经之路，是川藏、滇藏、那昌公路的枢纽，也是地区行署和县政府所在地，与四川省成都、西藏自治区首府拉萨、青海省西宁、云南省昆明的公路里程均在 1000 ~ 1600 千米，战略位置十分重要，历来都有“治藏必先安康”之说。2014 年 10 月 20 日，国务院正式批复同意昌都撤地设市，这使昌都更好地发挥了自己的区位优势，融入成渝经济圈和藏中经济圈。

图 2-1-1　项目周边环境

昌都市卡若区作为昌都市的政治、经济和文化中心，也是西藏自治区农牧、工业、建材、森林和旅游基地，更是藏东的商贸中心和交通枢纽。2007年4月，中华人民共和国交通部在《国家公路运输枢纽布局规划》中提出把昌都建设为“西部地区公路交通枢纽”，这是昌都交通发展史上的又一重大机遇。借助被列为“国家西部地区交通枢纽”的有利时机，昌都努力建设“一个枢纽（国家一级交通枢纽）、二大中心（物流中心和客运集散中心）、三条干线（国道214线、国道317线、国道318线）、四种方式（公路、铁路、航空、管道）”的综合交通运输体系，建立辐射地区内外的交通网络，着力打造“8小时城市旅游生活经济圈”。同时，投资127.4亿元，在“十二五”期间实现了境内国省道全部黑色化，县县通油路，畅通60%的乡（镇）和20%的建制村公路。所有具备条件的建制村通公路，基本形成了东西畅通、南北通达的公路交通网络。

昌都镇即卡若区城关镇，位于藏东横断山脉上段峡谷之间，扎曲和昂曲两条河流在这里汇合，成为澜沧江的源头。国道214线和国道317线作为进出西藏的重要交通要道，也交汇于昌都镇。国道214线北起青海西宁，南至云南景洪，国道317线东起四川成都，西至西藏那曲，通过两条国道可连通国道318线和国道303线，是昌都市最便利的陆域通道。昌都镇作为地区行署所在地，因政治、经济、管理等原因，集中了较多的人口，2010年城镇常住人口和流动人口约6万人。

随着国家西部大开发战略的实施和政治、经济、军事战略地位的增强以及物流业、旅游业、有色金属业以及水能资源的开发与兴起，昌都市的社会经济呈现高速发展态势，私家车辆及过境车辆数迅猛增加，尤其是通过邦达机场来往昌都的车流量逐年呈递增态势。而西藏昌都至邦达机场专用公路，是国道214线在昌都境内的重要组成部分，既是连接昌都镇与邦达机场的快速通道，又是连通昌都市北部国道317线经济带和南部国道318线经济带的重要交通干线，对西藏自治区的交通、经济、社会、民族、国家发展均具有十分重要的意义。

# 二、项目规划内容简述

## （一）建设背景

交通基础设施是影响地区社会经济发展的关键因素，因此，“规划务实、适当超前”是交通发展建设所长期遵循的基本原则。根据西藏自治区和昌都市国民经济和社会发展“十二五”规划，昌都市的社会经济发展进入了日新月异的高速发展时期，机动车保有量以及区域交通出行需求迅速增长。鉴于西藏昌都市城区至邦达机场公路距离较长，公路技术等级较低，抗灾能力较弱，服务水平较低，且该路段交通量较大，昌加改造工程项目具备很强的社会需求。该项目还是“西藏自治区公路交通 2013—2017 超常规跨越式发展规划”中明确提出的重点建设项目，及时启动该项目的建设工作，可落实“超常规、跨越式”发展规划，促进项目尽早发挥功能，改善交通条件，促进地区国民经济和社会快速发展。

## （二）规划理念

1. 坚持以人为本，树立安全至上的理念

以人为本，是科学发展观的本质和核心，也是勘察设计的基本理念和要求。既要坚持地形选线、地质选线，更要做到安全选线、环保选线。既要充分考虑公路设施的自身安全和运营安全，又要消除公路事故多发点和安全隐患。线路采用改善平纵线形的措施，从根本上解决行车安全问题。

该项目高差较大，地形复杂，对公路营运及行车安全有较大影响，因此路线方案紧密结合交通安全设施的设置情况，有针对性地设置指示标识，提醒司机注意行车安全。

2. 坚持合理选用技术指标，树立规划创新的理念

前期规划是达到“安全、环境优美、节约资源、质量优良、系统最优”的手段，是公路勘察设计新理念的精髓。

项目规划中的规范和标准采用的是具有典型代表性的通用值，具有普遍性。而西

藏每条公路由于地形地貌、环境气候、车型比例等个性化较强，与普遍标准有着较大的差异，故依据该项目特点，把灵活作为规划的基本理念，精雕细刻，抓住重点，以“更安全、更环保、更经济”为目标，突出了功能实效。

3. 坚持人与自然相和谐，树立尊重自然、保护环境的理念

该项目树立“不破坏就是最大的保护”的理念，坚持最大限度地保护、最小程度地破坏、最强力度地恢复，使工程建设顺应自然、融入自然。

（1）由于越岭路线不能采用劈山开路的方法，故采用了隧道和沿沟顺山组合布线。背山临河段，除考虑地形、地质等条件外，还顺地形地貌，人文景观之“势”而为。

（2）特殊路段进行了桥梁与路堤、隧道与深挖方综合比较。陡坡地形，多采用半幅桥通过，减少高填、深挖对自然环境的破坏。

（3）路基填挖边坡采用与自然坡面平滑顺接的流线型坡面形式。路基防护与公路景观设计相结合，以植物防护为主，圬工防护为辅。

图 2-2-1　项目周边环境

（4）桥梁布置分为两大类别：受地形控制区段地形起伏大，桥梁较高，人烟稀少，桥梁无建筑高度限制，桥梁主要从经济实用、施工便捷的角度考虑桥型的选择。受水文控制区段地形平坦，填土较低，人口密集，对视觉美观要求较高，桥型主要选择结构轻巧、形式简洁、造型美观、施工便捷的空心板或分体箱梁。

（5）注重隧道洞门规划，按照“早进洞、晚出洞”的原则，避免洞口较大的仰坡防护，在地形条件容许时优先选择具有行车条件好，与环境结合自然等特点的削竹式洞门形式。

（6）交叉位置与路网布设，城镇发展相适应。互通顺势而为，根据地形布设，构建具有地域特色的“面景观”，选用当地较有特色的树种，置入有宗教风格的雕塑，采用园林式景观手法，使人造景观与周围环境协调。

4. 坚持可持续发展，树立节约资源的理念

土地是关系国计民生的重要战略资源，耕地是广大农民赖以生存的基础。西藏虽有广袤的土地，但能耕种的农田面积仅占土地总面积的0.3%，耕地面积十分稀缺。因此项目坚持“统筹规划、合理布局、远近结合、综合利用”的原则，正确处理适当超前与可承受能力的关系，坚持“三合理原则”，即合理利用线位资源，合理确定建设规模，合理确定建设方案。

5. 坚持质量第一，树立让公众满意的理念

该项目是以“优质创新、服务客户、安全环保、奉献社会”为建设宗旨的高品质公路工程项目，公路选线坚持做到业主满意，使用者安全舒适，对公路所经区域人民群众生产生活负面影响降到最低。

6. 坚持系统论的思想，树立全寿命周期成本的理念

该项目树立了成本意识，采用合理的工程规模、技术标准和建设方案，在确保安全和使用功能的前提下，努力降低工程造价，节约工程投资。积极采用新材料、新工艺、新技术、新设备，用创新手段延长使用寿命，降低更新迭代的成本。

7. 坚持开展地质前置工作，体现岩土工程勘察设计理念

在地质条件复杂的山区高速公路选线，避免“先定路线方案再评价地质情况”，合理的选线程序是在可能布线的区域内地质调查、调绘先行，始终把地质条件作为确定路线方案的第一要素。大力开展地质前置工作，在可能布线的走廊先行大比例地质调绘，地震烈度复核和危险性分析，有目的地开展一些物探等地质工作，确定线位，尽量避开不良地质地段。

## （三）路线方案拟定

（1）服从国家、西藏及昌都市公路网规划总体走向。

（2）项目建设服务于昌都及周边地区的社会经济发展，路线方案与沿线城镇总体规划协调配合，与沿线各级路网规划建设有机结合。

（3）路线方案的选择与航空及项目沿线各地农林、水利、电力、旅游等方面规划建设布局相适应。

（4）路线布设注重生态环境的保护和文物保护，减少各种建筑物的拆迁和居民再安置的难度。

（5）本着“以人为本”“环境友好、资源节约，可持续发展”的原则，在遵循安全、环保、舒适、和谐等理念的前提下，注重路线布设结合地形地质及水文条件、土地利用等方面的合理性。

（6）路线布设充分尊重地方政府和群众的意见，尊重民族风俗特点。

图 2-2-2　昌加改造工程项目第三标段侧格 2 号大桥桩基施工现场

# 三、立项、审批相关文件影印资料展示

## （一）西藏自治区国土资源厅关于昌都至邦达机场专用公路新改建工程建设项目（一期）用地预审意见

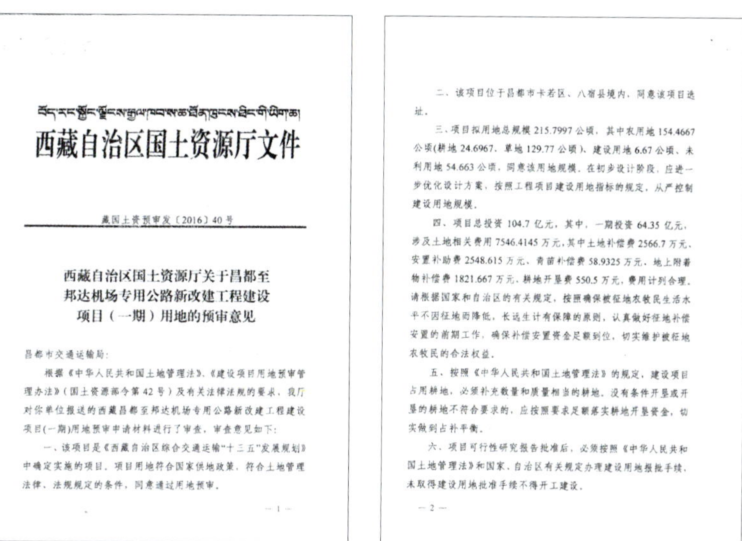

西藏自治区国土资源厅文件

藏国土资预审发〔2016〕40号

西藏自治区国土资源厅关于昌都至邦达机场专用公路新改建工程建设项目（一期）用地的预审意见

昌都市交通运输局：

根据《中华人民共和国土地管理法》、《建设项目用地预审管理办法》（国土资源部令第42号）及有关法律法规的要求，我厅对你单位报送的西藏昌都至邦达机场专用公路新改建工程建设项目(一期)用地预审申请材料进行了审查，审查意见如下：

一、该项目是《西藏自治区综合交通运输"十三五"发展规划》中确定实施的项目，项目用地符合国家供地政策，符合土地管理法律、法规规定的条件，同意通过用地预审。

— 1 —

二、该项目位于昌都市卡若区、八宿县境内，同意该项目选址。

三、项目拟用地总规模215.7997公顷，其中农用地154.4667公顷(耕地24.6967、草地129.77公顷)、建设用地6.67公顷、未利用地54.663公顷，同意该用地规模。在初步设计阶段，应进一步优化设计方案，按照工程项目建设用地指标的规定，从严控制建设用地规模。

四、项目总投资104.7亿元，其中，一期投资64.35亿元，涉及土地相关费用7546.4145万元，其中土地补偿费2566.7万元、安置补助费2548.615万元、青苗补偿费58.9325万元、地上附着物补偿费1821.667万元、耕地开垦费550.5万元，费用计列合理。请根据国家和自治区的有关规定，按照确保被征地农牧民生活水平不因征地而降低，长远生计有保障的原则，认真做好征地补偿安置的前期工作，确保补偿安置资金足额到位，切实维护被征地农牧民的合法权益。

五、按照《中华人民共和国土地管理法》的规定，建设项目占用耕地，必须补充数量和质量相当的耕地。没有条件开垦或开垦的耕地不符合要求的，应按照要求足额落实耕地开垦资金，切实做到占补平衡。

六、项目可行性研究报告批准后，必须按照《中华人民共和国土地管理法》和国家、自治区有关规定办理建设用地报批手续，未取得建设用地批准手续不得开工建设。

— 2 —

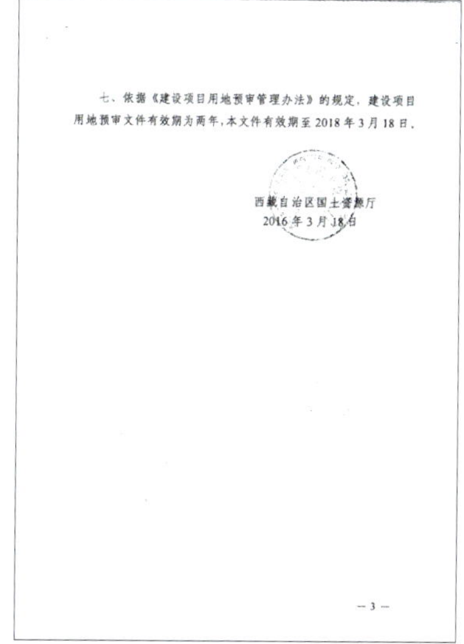

七、依据《建设项目用地预审管理办法》的规定，建设项目用地预审文件有效期为两年，本文件有效期至2018年3月18日。

西藏自治区国土资源厅

2016年3月18日

— 3 —

图2-3-1　项目批复文件

## （二）《西藏昌都至邦达机场专用公路新改建工程昌都城区至加卡经济开发区段地质灾害危险性评估报告》审查意见

藏国土资灾评一级〔2016〕18号

**《西藏昌都至邦达机场专用公路新改建工程**
**昌都城区至加卡经济开发区段**
**地质灾害危险性评估报告》**
**审查意见**

2016年4月15日，西藏昌都市交通运输局邀请西藏地勘局第二地质大队、区地质环境监测总站、西藏山泰地质工程有限公司、四川省地质工程勘察院等单位组成评审专家组（名单附后），对重庆市地勘局南江水文地质工程地质队提交的《西藏昌都至邦达机场专用公路新改建工程昌都城区至加卡经济开发区段地质灾害危险性评估报告》（以下简称《评估报告》）进行了审查，与会专家在认真听取了评估单位的汇报后，对《评估报告》进行了充分的讨论和认真的评议，形成了如下审查意见：

一、工程概况：西藏昌都至邦达机场专用公路新改建工程昌都城区至加卡经济开发区段位于西藏自治区昌都市卡若区境内，起于昌都镇生格村附近，向东南顺澜沧江而下经卡若镇、加卡经济开发区，近期止于担担甲附近，路线全长27.11km，采用一级公路标准，设计速度80km/h，路基宽度24.5m；属于新改建工程；起点地理坐标为：东经97° 11′ 23.85″，北纬31° 6′ 27.16″；终点地理坐标为：东经97° 21′ 26.9″，北纬30° 56′ 45.94″。

二、评估工作是在全面收集评估区地形地貌、地层岩性、地质构造与地震、水文地质以及岩土体工程地质等地质环境资料和气象水文资料的基础上，根据西藏昌都市交通运输局的委托，对西藏昌都至邦达机场专用公路新改建工程昌都城区至加卡经济开发区段沿线进行综合地质灾害评估，评估面积40.66km²，地质灾害危险性评估面积基本能够满足工作需要，基础资料真实可靠。

1

三、《评估报告》主要依据国土资源部颁发的《地质灾害危险性评估规范》（DZ/T0286—2015）编制完成的，执行的标准恰当。根据建设项目的重要性和地质环境条件的复杂程度，将确定本次地质灾害危险性评估等级为一级恰当，确定评估区范围基本合理。

四、现状评估认为：评估区内现状发育的地质灾害类型包括：泥石流、崩塌、河岸坍塌等。泥石流地质灾害23处，影响路段长0.35Km，占线路总长27.11Km的1.29%，现状危险性均为小；崩塌地质灾害4处，影响路段总长1.52Km，占推荐线27.11Km的5.61%，现状发育的崩塌中危险性中等的1处，危险性小的3处；河岸坍塌地质灾害11处，影响路段总长10.08Km，占推荐线27.11Km的37.18%，现状危险性均为小、评估结果符合的实际情况。

五、预测评估认为：工程建设中、建设后可能引发滑坡地质灾害的可能性中等，危害程度中等，危险性中等；可能引发泥石流的可能性小，危害程度小，危险性小，可能加剧泥石流地质灾害18处，危险性大的1处，危险性中等的17处；可能引发崩塌11处，危险性中等的5处，危险性小的6处，可能加剧现状发育的4处崩塌的危险性，危险性大的1处，危险性中等的3处；可能引发河岸坍塌灾害的可能性小，危险性小，可能加剧河岸坍塌灾害11处，危害性中等、危险性中等；沿线筑路材料料场、取土场的开采引发或加剧新的地质灾害的可能性小，危险性小；沿线弃土场可能引发或加剧新的地质灾害的可能性小，危险性小；工程建设中、建设后可能引发路基不均匀沉降，其危险性和危害性小～中等。

拟建工程隧道进出口可能遭受5处地质灾害的危害，其中崩塌地质4处，危险性均为中等，泥石流地质灾害1处，危险性中等；拟建

2

工程桥梁基础可能遭受地质灾害32处，其中可能遭受崩塌地质灾害4处，危险性大的1处，危险性中等的3处，可能遭受泥石流18处，危险性均为中等，可能遭受河岸坍塌地质灾害11处，危险性均为中等；拟建工程路基可能遭受地质灾害12处，其中可能遭受崩塌地质灾害7处，危险性中等的1处，危险性小的6处，可能遭受泥石流5处，危险性大的1处，危险性中等的4处，预测评估结果符合的实际情况。

六、综合评估将评估区分为地质灾害危险性大、中、小三级，该新改建工程推荐线全线分为7个区段，地质灾害危险性大的2段，危害路段长1.6Km，地质灾害危险性中等的2段，危害路段长21.4Km，地质灾害危险性小的3段，危害路段长4.11Km。

《评估报告》中地质灾害危险综合分区的划定和场地适宜性评价基本合理，符合实际情况，针对地质灾害的形成条件、发生原因和危害程度提出的相应的防治措施和建议基本可行，针对各类地质灾害的形成条件、诱发因素和危害程度提出的相应防治措施和建议基本可行。

七、《评估报告》需补充完善如下内容：

（一）参照《地质灾害危险性评估规范》（DZ/T0286—2015）完善修改报告；

（二）加强完善料场、取土场、弃土场预测评估内容；

（三）细化、完善合理的防治措施建议；

（四）优化结论与建议。

综上所述，《评估报告》章节安排合理，内容全面，重点较较为突出，结论可信，建议可行，达到了委托方的要求，符合国土资源部《地质灾害危险性评估规范》（DZ/T0286—2015）的规定，评审专家组同意该《评估报告》通过审查。

3

请评估单位根据与会专家提出的具体意见和建议，对《评估报告》进行修改、补充完善。

《评估报告》评审专家组

组　长：

2016年4月15日

4

图 2-3-2　项目批复文件

## （三）固定资产投资项目节能登记表

### 固定资产投资项目节能登记表

藏发改环资备案表〔2016〕12号

项目名称：昌都至邦达机场专用公路（昌都至加卡经济开发区段）填表日期：2016 年 2 月 29 日

| 项目概况 | 项目建设单位 | 昌都市交通运输局 | | 单位负责人 | 泽旺四郎 |
|---|---|---|---|---|---|
| | 通讯地址 | 昌都市交通运输局 | | 负责人电话 | 13908955188 |
| | 建设地点 | 昌都市八宿县 | | 邮编 | 854000 |
| | 联系人 | 泽仁多登 | | 联系人电话 | 13628958884 |
| | 项目性质 | ■新建 □改建 □扩建 | | 项目总投资 | 47.46亿元 |
| | 投资管理类别 | 审批□ | 核准□ | | 备案□ |
| | 项目所属行业 | 交通公路 | | 道路里程（km） | 27.11 |
| | 建设规模及主要内容 | 本项目设计时速80km/h，一级公路设计标准，路基宽24.5米，全长27.11公里。其中隧道两座，养护工区1处。 | | | |

| 年耗能量 | 能源种类 | 计量单位 | 年需要实物量 | 参考折标系数 | 年耗能量（吨标准煤） |
|---|---|---|---|---|---|
| | 重油 | t | 2.2 | 1.4286kgce/kwh | 3.1 |
| | 柴油 | t | 14.7 | 1.4571kgce/kg | 21.4 |
| | 汽油 | t | 0.2 | 1.4714kgce/kg | 0.4 |
| | 电 | kwh | 626537 | 0.1229kgce/kwh | 77.0 |
| | | | | | |
| | 能源消费总量（吨标准煤） | | | | 101.9 |
| | 耗能工质种类 | 计量单位 | 年需要实物量 | 参考折标系数 | 年耗能量（吨标准煤） |
| | 水 | t | 6406.9 | 0.0857kgce/t | 0.5 |
| | | | | | |
| | 耗能工质总量（吨标准煤） | | | | 0.5 |
| | 项目年耗能总量（吨标准煤） | | | | 102.4 |

项目节能措施简述（采用的节能设计标准、规范以及节能新技术、新产品并说明项目能源利用效率）：

本项目严格按照《公路工程技术标准》、《高速公路交通工程及沿线设施设计通用规范》等交通行业技术规范进行工程设计。建设方案从设计理念、研究思路、路线比选、技术标准、工程规模等各个环节都贯彻和体现了节能环保的原则。

项目建成后，由于改善了项目影响区内道路交通条件，降低了相关路网上车辆行驶油耗，项目运营期 20 年相关路网上车辆燃油节约总量为 3.74 万吨（折 5.50 万吨标准煤），远大于施工及运营期间消耗能源，节能效益十分显著。

其它需要说明的情况：

节能审查登记备案意见：

2016年 3 月 10 日

图 2-3-3 项目备案

## （四）关于国道214线昌都至邦达机场公路新改建工程昌都至加卡段两阶段施工图设计的批复

བོད་རང་སྐྱོང་ལྗོངས་འགྲིམ་འགྲུལ་སྐྱེལ་འདྲེན་ཐིང་གི་ཡིག་ཆ།

**西藏自治区交通运输厅文件**

藏交发〔2017〕821号

★

**关于国道214线昌都至邦达机场公路新改建工程昌都至加卡段两阶段施工图设计的批复**

西藏交通建设投资有限公司：

你公司《关于审批国道214线昌都至邦达机场公路新改建工程昌都至加卡段两阶段施工图设计文件的请示》（藏交投发〔2017〕281号）收悉。根据区发展和改革委员会《关于国道214线昌都至邦达机场公路新改建工程昌都至加卡段可行性研究报告的批复》（藏发改基础〔2017〕988号）和我厅《关于国道214线昌都至邦达机场公路新改建工程昌都至加卡段初步设计的批复》（藏交发〔2017〕801号），经审核，现批复如下：

**一、建设规模与技术标准**

项目起点位于昌都城区生格村附近，顺接国道214线和国道317线昌都过境段公路新改建工程S线终点。路线沿澜沧江布设，

- 1 -

经卡若镇、青达村、热巴村、于昌都经济开发区设加卡隧道、捏大桶隧道两座，路线继续向南，跨过澜沧江后止于加卡经济开发区梯贡村接现国道214线。主线全长26.956公里，同时建设城关镇连接线1.268公里。主线共设特大桥7531.2米/5座，大桥9110.3米/16座，中桥、小桥269.8米/4座，涵洞及通道15道，隧道1147.5米/2座，互通式立交2处。连接线中桥、小桥97米/1座，涵洞及通道14道。全线设置养护服务中心1处（用地面积58亩，建筑面积2300.08平方米），管理中心1处(用地面积25亩，建筑面积7400平方米)

主线采用四车道一级公路标准建设，设计速度80公里/小时，整体式路基宽度24.5米，分离式路基宽度12.25米，桥涵设计汽车荷载等级采用公路-I级；连接线采用三级公路标准建设，设计速度40公里/小时，路基宽度8.5米，桥涵设计汽车荷载等级采用公路-II级。其他技术指标按《公路工程技术标准》(JTG B01-2014)执行。

**二、路线**

（一）路线起终点、主要控制点及路线走向，符合初步设计文件审查要求。

（二）施工图设计结合地形地质条件、工程量、运营安全及工程投资等因素，运用技术指标，路线平、纵面设计基本合理。

**三、路基路面**

（一）同意施工图设计采用的路基组成设计参数及标准横断

- 2 -

面型式。

（二）同意施工图设计采用的路面结构型式。

（三）同意施工图设计采用的路基防护工程设计及其结构设计参数和路基、路面排水系统设计。实施中应根据实际地形、地质及径流条件，优化综合排水设计方案。

**四、桥涵隧道**

（一）同意施工图设计采用的桥型、下部结构和孔跨布置及其附属工程的设计方案。

（二）同意隧道设计方案。

**五、交通工程及沿线设施**

同意施工图设计中关于交通工程及沿线设施的设计方案。

**六、施工图设计预算**

核定国道214线昌都至邦达机场公路新改建工程昌都至加卡段两阶段施工图设计预算为4,732,101,734元，其中：建筑安装工程费4,117,824,649元；设备及工具、器具购置费24,668,410元；工程建设其他费用451,780,469元；核定预备费137,828,206元。

**七、工期**

建设项目总工期自开工之日起36个月。

请你公司按照基本建设程序办理相关手续，严格执行“项目法人制、招投标制、工程监理制、合同管理制”，加强项目质量、安全、进度和资金管理，强化环境保护、水土保持、节能减排、

- 3 -

公路保通和质量检测等工作，确保工程按期交付使用。

附件：国道214线昌都至邦达机场公路新改建工程昌都至加卡段两阶段施工图设计预算审核表

西藏自治区交通运输厅

2017年11月21日

抄送：厅综合规划处、建设管理处、审计监督处、财务处，区公路局，区交通质量安全监督局，区交通建设项目技术评审中心，中交第一院公路勘察设计研究院有限公司，中交第二院公路勘察设计研究院有限公司。

西藏自治区交通运输厅办公室　　2017年11月21日印发

－4－

附表：

国道214线昌都至邦达机场公路新改建工程
昌都至加卡段两阶段施工图设计预算审核表

| 项 | 目 | 工程或费用名称 | 原预算金额（元） | 审后预算金额（元） | 备注 |
|---|---|---|---|---|---|
| | | 第一部分　建筑安装工程 | 4,122,816,423 | 4,117,824,649 | |
| 一 | | 临时工程 | 70,789,039 | 70,764,496 | |
| 二 | | 路基工程 | 317,740,319 | 319,965,835 | |
| 三 | | 路面工程 | 86,472,014 | 88,297,111 | |
| 四 | | 桥梁涵洞工程 | 2,371,805,810 | 2,371,836,741 | |
| 五 | | 交叉工程 | 742,548,809 | 742,461,507 | |
| 六 | | 隧道工程 | 348,789,184 | 342,924,882 | |
| 七 | | 公路设施及预埋管线工程 | 122,164,155 | 122,160,467 | |
| 八 | | 绿化及环境保护工程 | 27,131,569 | 26,028,086 | |
| 九 | | 管理、养护及服务房屋 | 33,395,524 | 33,395,524 | |
| | | 第二部分　设备及工具、器具购置费 | 24,668,410 | 24,668,410 | |
| 一 | | 设备购置费 | 24,246,570 | 24,246,570 | |
| 三 | | 办公及生活用家具购置费 | 421,840 | 421,840 | |
| | | 第三部分　工程建设其他费用 | 502,934,556 | 451,780,469 | |
| 一 | | 土地征用及拆迁补偿费 | 96,301,992 | 93,497,080 | |
| 二 | | 建设项目管理费 | 143,140,397 | 142,984,654 | |
| | 1 | 建设单位（业主）管理费 | 27,025,513 | 27,009,539 | |
| | 2 | 工程监理费 | 103,070,411 | 102,945,616 | |
| | 3 | 设计文件审查费 | 12,368,449 | 12,353,474 | |
| | 4 | 竣（交）工验收试验检测费 | 676,025 | 676,025 | |
| 四 | | 建设项目前期工作费 | 247,368,985 | 199,043,050 | |
| | 1 | 勘察设计费（含工可报告编制费） | 247,368,985 | 197,655,583 | |
| | 2 | 招标代理费 | | 1,067,282 | |
| | 3 | 工程量清单、工程标底或招标控制价编制费 | | 320,185 | |
| 五 | | 专项评价（估）费 | 14,021,773 | 14,156,773 | |
| 八 | | 联合试运转费 | 2,061,408 | 2,058,912 | |
| 九 | | 生产人员培训费 | 40,000 | 40,000 | |
| | | 第一、二、三部分费用合计 | 4,650,419,389 | 4,594,273,528 | |
| | | 预备费 | 139,512,582 | 137,828,206 | |
| 二 | | 基本预备费 | 139,512,582 | 137,828,206 | |
| | | 预算总金额 | 4,789,931,971 | [illegible]101,734 | |

计算人：巴桑卓玛

西藏[illegible]交通公路[illegible]价管理站

图 2-3-4　项目批复文件

## （五）国道214线昌都至邦达（昌都至加卡段）机场公路新改建工程洪水影响评价类审批准予行政许可决定书

བོད་རང་སྐྱོང་ལྗོངས་ཆུ་ལེན་ཁྲིང་གི་སྲིད་འཛིན་ཆོག་འཆན་གཏན་འབེབས།

西藏自治区水利厅行政许可决定

藏水许可〔2019〕21号

### 国道214线昌都至邦达（昌都至加卡段）机场公路新改建工程洪水影响评价类审批准予行政许可决定书

西藏交通建设投资有限公司:

你公司报送的《关于审查国道214线昌都至邦达（昌都至加卡段）机场公路新改建工程涉河桥梁洪水影响评价报告审查的请示》（藏交投发〔2019〕266号）收悉。经审查，该申请符合法定条件，根据《中华人民共和国行政许可法》《中华人民共和国水法》《中华人民共和国防洪法》等有关法律法规和《西藏自治区水利厅关于印发<西藏自治区水利厅简化整合洪水影响评价类审批行政职权实施办法（试行）>的通知》（藏水字[2018]214号）规定，决定准予行政许可。

一、原则同意《国道214线昌都至邦达（昌都至加卡段）

-1-

机场公路新改建工程涉河建设方案报告》推荐的拟建工程涉河建设方案。

拟建工程位于西藏自治区澜沧江昌都至加卡段，路线起于昌都市卡若区生格村附近，与在建的国道214线和国道317线昌都过境段生格村隧道相接，经卡若镇、加卡经济开发区，止于梯贡村附近，接既有国道214线，同步建设城关镇连接线。工程主线全长27.041公里，采用四车道一级公路标准建设，设计速度80公里/小时，路基宽度24.5米，分离式路基宽度12.25米；城关镇连接线约1.3公里，采用三级公路技术标准建设，设计速度40公里/小时，路基宽度8.5米。

全线涉河桥梁共22座，其中跨河桥梁（含互通式立交匝道桥）17座，总长11021.82米；顺河桥梁5座，总长5400.42米。桥梁上部结构除侧格2号大桥主桥采用（65+120+65米）预应力混凝土连续刚构方案，下部结构采用矩形薄壁墩，尺寸为4米×13.2米，左侧承台顶高程3163.909米（1985国家高程基准，下同），右侧承台顶高程3163.969米；其余桥梁上部结构采用30米和40米预应力混凝土T梁方案；桥梁下部构造采用直径1.6米–2.2米的圆柱式墩、桩基础。

二、原则同意《国道214线昌都至邦达（昌都至加卡段）机场公路新改建工程涉河桥梁洪水影响评价报告》关于河道

-2-

演变分析及洪水影响评价基本结论。

三、该工程建设及运行涉及左巴村灌区和高争水泥厂取水口第三方合法水事权益，你公司应做好论证工作，若存在影响需征得其同意。

四、你公司应充分重视河道保护工作，严禁向河道内倾倒弃土弃渣，并及时清除河道管理范围内施工临时设施，保障河道行洪通畅。

五、你公司应合理安排施工工期，近堤（护岸）段桥墩基础不得在汛期施工。拟建工程开工前，你公司应制定施工期防汛应急预案，报当地防汛指挥机构批准执行。

六、你公司应按规定到当地水行政主管部门办理相关手续。工程建设及运行期间，你公司应妥善维护好堤防、护岸等防洪工程设施，如有损毁应及时按原标准予以恢复，并接受水行政主管部门的监督管理，服从防汛指挥机构的统一指挥。

七、你公司应将拟建工程施工设计文件报当地水行政主管部门备案，并接受其对该工程建设的监督管理。工程建设和运行期间，发现影响防洪安全和河道管理等问题，应及时向当地水行政主管部门报告，并按照水行政主管部门处理意见进行处理或纠正。工程竣工验收时，应有当地水行政主管部门参加，工程竣工验收鉴定书应报我厅备案。

八、本行政许可决定有效期为三年，自签发之日起计算。

-3-

工程建设过程中涉河建设方案有较大变更的，应按规定重新办理许可手续。

附件：国道214线昌都至邦达（昌都至加卡段）机场公路新改建工程涉河桥梁洪水影响评价报告技术审查意见

西藏自治区水利厅

201[illegible]年10月[illegible]日

-4-

附件

**《国道214线昌都至邦达（昌都至加卡段）机场公路新改建工程涉河桥梁洪水影响评价报告》技术审查意见**

受西藏自治区水利厅委托，扬子江工程咨询有限公司（湖北）于2019年7月25日在武汉市组织召开了《国道214线昌都至邦达（昌都至加卡段）机场公路新改建工程涉河桥梁洪水影响评价报告》（以下简称《报告》）技术审查会。本次技术审查会仅对武汉艾信科技有限公司提供的洪水影响评价报告及中交第二公路勘察设计研究院有限公司提供的涉河建设方案报告进行技术审查，技术审查意见均基于上述所提供报告描述的原始状况和工程设计方案。

参加会议的有：西藏自治区水利厅、交通运输厅，昌都市水利局，西藏交通建设集团有限公司，中交第二公路勘察设计研究院有限公司，武汉艾信科技有限公司等单位的代表以及特邀专家。会议成立了专家组。与会专家和代表听取了设计单位中交第二公路勘察设计研究院有限公司关于《国道214线昌都至邦达（昌都至加卡段）机场公路新改建工程涉河桥梁涉河建设方案报告》的介绍和报告编制单位武汉艾信科技有限公司关于《报告》主要内容的汇报。专家和代表通过对编制单位提供的洪水影响评价报告及涉河建设方案报告进行认真讨论，形成了技术审查意见（初稿）。会后，报告编制单位武汉艾信科技有限公司根据技术审查意见（初稿）对《报告》进行了修改和完善，提出了修改后的《报告》。经复审认为，修改后的《报告》基本满足要求。主要技术审查意见如下：

**一、建设项目基本情况**

拟建工程位于西藏自治区澜沧江昌都至加卡段，路线起于昌都市卡若区生格村附近，与在建的国道214线和国道317线昌都过境段生格村隧道相接，经卡若镇、加卡经济开发区，止于格贡村附近，接既



有国道214线，同步建设城关镇连接线。工程主线全长27.04km，采用四车道一级公路标准建设，设计速度80km/h，路基宽度24.5m，分离式路基宽度12.25m；城关镇连接线约1.3km，采用三级公路标准建设，设计速度40km/h，路基宽度8.5m。

全线涉河桥梁共22座，其中跨河桥梁（含互通式立交匝道桥）17座，总长11021.82m；顺河桥梁5座，总长5400.42m。侧格2号大桥主桥上部结构采用（65+120+65）m预应力混凝土连续刚构方案，下部结构采用双肢薄壁墩，单肢桥墩尺寸为4.0m×13.2m（横桥向×纵桥向），左侧承台顶高程3163.91m（1985国家高程基准，下同），右侧承台顶高程3163.97m；其余桥梁上部结构采用30m和40m预应力混凝土T梁方案，下部结构采用直径1.6m~2.2m圆柱墩、桩基础。

**二、总体评价**

《报告》采用的资料较丰富，技术路线可行，内容较全面，结论基本合理，基本符合《河道管理范围内建设项目防洪评价报告编制导则（试行）》的要求。

**三、河道演变分析**

同意《报告》关于工程河段河演分析的结论，河演分析表明：工程河段总体河势基本稳定。

**四、洪水影响评价**

同意《报告》关于工程对所在河段的河势及行洪影响较小的结论意见。

同意《报告》关于拟建工程在采取补救措施后，不会影响防洪护岸工程安全的结论。

**五、建议**

建设单位应按照水行政主管部门意见办理相关手续。

报告已按专家评审意见修改。

**《国道 214 线昌都至邦达（昌都至加卡段）机场公路新改建工程涉河桥梁洪水影响评价报告》修改说明**

2019.8.30

根据专家评审意见，对报告进行了修改、完善，主要内容如下：

**一、进一步补充完善拟建工程设计（包括桥梁与堤防、护岸工程的相对位置关系等）、附近堤防、护岸工程、相关规划等资料**

补充了桥梁与护岸的相对位置关系文本及图件，见报告中第 3.3.4 章节（P98~101 页）及附图册中附图 3.25-1~附图 3.25-6 和附图 4.1。

补充了加卡经济开发区左右岸护岸工程资料，见报告中第 2.4.1 节内容（P45~48 页）和附图册中附图 3.25-1~附图 3.25-6。

**二、阐明涉及防洪工程地段堤基地质结构及岸坡地质结构；补充完善岩土体物理力学指标地质建议值，为堤基稳定及岸坡稳定分析提供地质依据**

阐明了涉及防洪工程地段堤基地质结构及岸坡地质结构，见报告中第 4.6 章节（P249~251 页）。

补充完善岩土体物理力学指标地质建议值，见报告中第 4.6 章节（P248~249 页）。

**三、完善数模计算成果；复核冲刷计算成果；补充防洪护岸工程抗滑稳定计算内容；完善施工期洪水影响评价内容；补充完善施工期和运行期对防洪护岸工程的影响分析内容**

复核了数模计算成果，见报告中内容（P146~207 页）。

复核了冲刷计算成果，见报告中内容（P212~225 页）。

补充防洪护岸工程抗滑稳定计算内容，见报告中第 4.6 章节（P245~257 页）。

完善施工期洪水影响评价内容，见报告中内容（P226~245 页）。

补充完善施工期和运行期对防洪护岸工程的影响分析内容，见报告中内容（P245~257 页、P262~269 页）。

**四、细化防洪影响补救措施布置及设计方案。**

第 1 页 共 2 页

-7-

根据计算结果重新复核工程河段防洪影响补救措施主要内容，详见防治与补救措施内容，见 6.2 章节（P268~269 页）。

报告编写人（盖章）：何福

联系电话：18971216625

第 1 页 共 1 页

-8-

抄送：水利部长江水利委员会，西藏自治区交通运输厅，昌都市水利局，卡若区水利局。

西藏自治区水利厅办公室　　　　2019 年 10 月 11 日印发

-9-

图 2-3-5　项目批复文件

## （六）关于西藏昌都至邦达机场专用公路新改建工程环境影响报告书的批复见下方文件

བོད་རང་སྐྱོང་ལྗོངས་ཁོར་ཡུག་སྲུང་སྐྱོང་ཐིང་གི་ཡིག་ཆ།

# 西藏自治区环境保护厅文件

藏环审〔2013〕141号

### 关于西藏昌都至邦达机场专用公路新改建工程环境影响报告书的批复

西藏自治区交通运输厅：

你厅《关于审批〈西藏昌都至邦达机场专用公路新改建工程环境影响评价报告〉的函》（藏交函〔2013〕117号）收悉。根据《中华人民共和国环境影响评价法》、《建设项目环境保护管理条例》的有关规定，经研究，批复如下。

一、该工程位于西藏自治区昌都地区中部，路线起于昌都地区昌都县境内的昌都镇啤酒厂水源地纪念碑附近，经察雅县止于八宿县境内的昌都邦达机场大门口附近，路线全长98.25公里（其中，一级公路长59.33公里、二级公路长38.92公里），设2处养护工区、2处隧道管理站、6处互通立交。全线桥梁总长34208米/113座、隧道总长14399米（单洞27446米）/12道、盖板涵洞3469.5米/129道。一级公路设计速度80公里/小时，四车道，路基宽18.5

- 1 -

米，隧道单洞净宽10.25米；二级公路设计速度60公里/小时，上下行分离式四车道，路基宽度8.5米，隧道单洞净宽10米。路面采用沥青混凝土路面。工程总投资估算为104.7亿元元，其中环保投资1623万元。

该项目为《西藏自治区公路交通跨域式发展实施方案（2013—2017）》中的重点建设项目，在全面落实报告书提出的各项生态保护和污染防治措施的前提下，项目建设对环境的不利影响能够得到一定缓解和控制。因此，我厅原则同意你厅按照报告书所列的路由、地点、性质、规模和环境保护对策措施进行项目建设。

二、原则同意报告书作为建设项目实施环境管理的依据。项目业主必须严格落实报告书中提出的各项环保对策、措施及相应的投资，防止废水、废气、噪声及扬尘污染，落实水土保持和生态保护措施，将项目建设和运行对环境的不利影响降至最低。

三、开展工程施工阶段建设项目环境监理工作，定期向昌都地区环境保护局提交工程环境监理报告。建设项目的环境监理合同、环境监理过程中的监理日志、月报及施工阶段环境监理报告等将作为环保部门日常环境监察的检查及工程竣工环境保护验收的重要依据。

四、项目建设和运行过程中应重点做好以下工作：

（一）项目业主应始终贯彻“预防为主，保护优先”的原则，切实加强项目建设的组织领导，严格落实环境保护目标责任制，将环境保护工作内容纳入工程招投标文件和施工承包合同中，明确参与工程建设各有关方的环境保护条款和责任；配备专职环境保护管理人员负责工程建设的环境保护工作，建立完整的环境保护档案，对施工人员进行环境保护教育培训，提高文明施工意识，规范施工

- 2 -

行为。

（二）工程永久占地373.47公顷，临时占地面积42.82公顷。工程区域内生态环境脆弱，一旦破坏就难以恢复，施工过程中必须划界施工，严格控制施工范围，减少对工程区植被的破坏。隧道入口和出口、路基区域的表层土壤在施工前应预先剥离，集中堆放于隧道口区域、公路两侧裸露地，并做好苫盖养护措施，用于后期路基或料场生态恢复。路基施工过程中，在满足工程需要的前提下，避免大挖大填，减少山体开挖，减轻工程建设对周围生态环境的破坏；路基上下边坡应修建挡护工程，防止边坡坍塌造成植被破坏面增大。

（三）工程建设设置2处土料、2处沙砾料、1处石料自采场。建设开工前应加强与环保、水利、国土部门的沟通联系，共同确定取土场、沙砾料场、石料场选址，禁止随意设置取（弃）土场和砂石料场。采砂场在开采过程中应分区采掘，做到边采边回填，及时平整采坑，疏通河道，防止河道改线造成水力侵蚀和水土流失；河滩地取砂应浅取不易深挖，开采完毕后，及时将废料回填，平整场地。石料场尽量采用机械开采方式开采裸露的基岩，减少对山体表层植被的破坏，减轻景观影响。土料场取土过程中要修整边坡，并进行排水处理，禁止浅挖宽取，严格控制取土范围，保护周边生态环境。

（四）工程布设4处预制场、2处拌合站、4处弃渣场。建设过程中应结合沿线自然生态植被分布情况，按照少占植被、少破坏景观的原则，科学合理地布设。弃渣场周边修建截水沟和浆砌石挡渣墙，弃渣堆放结束后平整表面，覆盖表土并撒播草种。新增或变更弃渣场，应征得昌都地区环保、国土部门的同意，履行变更设计

- 3 -

程序。施工中加强施工机械、运输车辆管理，严格限定行驶路线，禁止施工机械、运输车辆下道行驶，碾压、破坏植被。

（五）工程全线挖方714.92万立方米，填方465.25万立方米，利用方374.15万立方米，借方91.1万立方米，弃方340.77万立方米。建设过程中应合理调配、平衡土石方，减少挖方和弃方产生量。隧道工程土石方尽量用作路基填方或工程防护石料，不能利用的弃渣应弃于指定的弃渣场，禁止将隧道弃方和路基开挖弃方随意倾倒，占压植被。

（六）工程桥隧比大，建设过程中应优化桥涵施工工艺，减缓对河道的阻隔。桥梁施工前及时移植桥梁两端施工范围内的小龄苗木，减少对灌丛的破坏；桥头护坡要采取浆砌石片防护，防止水流冲刷引发次生生态环境影响；涉水桥梁基础施工应选择在枯水季节并采用对河流扰动较小的围堰法，桥梁开钻泥浆、施工生产废水设置泥浆沉淀池处理，禁止将桥梁基础施工挖出的泥渣、钻出的泥浆弃（排）入河道或河滩；桥涵施工完毕后，须及时拆除施工围堰，清除桥梁下方填料，保证河流水系畅通。

（七）工程沿线跨越或临近澜沧江以及其一级支流色曲、怒江一级支流玉曲，建设过程中应加强水污染防治工作，防止施工废（污）水污染沿线水体。工营地应设置在距离沿线水体200米范围外，施工人员的生活污水采用修建防渗旱厕处理；隧道涌水采用修建沉淀池收集处理，回用于洒水降尘；施工场地和机械维修场所设置临时蒸发池收集含油废水，使其自然蒸发；混凝土冲洗废水设置沉淀池进行收集处理回用，禁止各类废（污）水直接排放。施工结束后，掩埋旱厕、隔油池和蒸发池等，并覆土绿化。运营期养护工区、隧道管理站生活污水采用修建防渗旱厕收集处理后用于工区绿

- 4 -

化、不得外排。

（八）工程沿线分布有波妥村、左巴村、瓦约村等11处大气、声环境敏感点。施工过程中应采取选用低噪声设备、加强施工机械的维修保养等措施，控制噪声源强；采取合理安排施工作业时间，声环境敏感点附近路段夜间禁止施工，昼间禁止高噪声机械同时作业等措施，减缓施工噪声对沿线居民生产生活的影响。项目运营期，应协调有关部门合理规划沿线土地使用功能，在公路沿线90米噪声控制距离内严禁新建居民区等噪声敏感建筑物。建设过程中慎重选沥青混凝土拌合场地，通过使用配有除尘、沥青烟气净化装置的拌合设备，使用天然气等清洁能源熬制沥青，采用温拌方式拌合等措施确保施工沥青烟气达标排放，避免施工沥青烟气对大气环境造成影响；采取对对散装物料进行遮盖，对施工场地定期洒水等措施，减缓施工扬尘对大气环境及周边居民的影响。

（九）按照减量化、无害化原则，分类收集处置固体废弃物。安排专人对施工中产生的可回收固体废弃物进行收集和回收利用，不能利用的运至附近的取土场或弃渣场填埋，禁止将建筑垃圾直接弃于河道，防止堵塞河道，污染水体。对机械维修、养护等产生的固态浸油废物应集中收集进行焚烧处置。施工期生活垃圾应统一收集、集中堆放，利用施工营地的防渗旱厕填埋处置，禁止随意丢弃影响景观。运营期养护工区、隧道管理站产生的生活垃圾应集中收集，填埋于远离河流水体的低洼地；设立宣传标志，加大宣传力度，严禁沿途车辆司乘人员随意丢弃垃圾。

（十）工程沿线主要分布有白刺花、柳属、蔷薇属等为优势的灌木林地，为公益林区。建设过程中须加强生物多样性和环境保护宣传教育、提高施工人员的环境保护意识；加强管理，设置施工界

- 5 -

线警示牌，严禁随意扩大施工范围破坏植被和野生动物栖息地，禁止随意砍伐林木、捕杀野生动物、捕捞鱼类，减缓工程建设对沿线生物多样性的不利影响。

（十一）工程建设要注重社会环境影响，尊重当地宗教信仰和习俗，卡若遗址等文物保护范围内不得进行与保护措施无关的建设工程或爆破、钻探、挖掘等作业。加强与电力、电讯部门的沟通协调，避免因公路建设拆迁电力、电讯设施影响当地的电力供给和电力畅通。

（十二）加强施工期油料、炸药的运输、贮存管理，建设临江、跨江桥梁路段安全防护设施，制定有效的环境风险应急预案，建立完善的风险防范及事故应急处置机制，落实各项风险防范措施，降低环境风险。

（十三）强化工程后期临时占地及施工迹地的生态恢复。工程施工结束后，及时对施工便道、生活营地、预制场、沥青混凝土拌合站等临时占地进行地貌和植被恢复。隧道进出口、路基边坡防护、绿化和隧道管理所、养护工区绿化设计应充分考虑与周边生态景观相协调。绿化物种以昌都地区优势种、适宜种为主，防止外来物种入侵等生物风险。

五、本批复只对报告书中所列建设内容有效，建设项目的性质、规模、路由或者污染防治、生态保护措施发生重大变动，应当重新报批项目的环境影响评价文件。

六、建设项目必须严格执行环境保护设施及措施与主体工程同时设计、同时施工、同时投入使用的环境保护“三同时”制度。工程开工建设后，项目建设单位要定期向自治区环境监察总队、昌都地区环境保护局报送项目建设环境保护情况。项目竣工后，建设单

- 6 -

位必须在试运行前向昌都地区环境保护局提交书面试运行申请，经检查同意后方可进行试运行。项目试运行三个月内必须按《建设项目竣工环境保护验收管理办法》和《西藏自治区环境保护厅建设项目“三同时”监督检查和竣工环保验收管理暂行规定》要求的程序向我厅申请环境保护验收。验收合格后，项目方可正式投入运行。

七、我厅委托昌都地区环境保护局负责该工程施工期的环境保护“三同时”监督检查和日常环境监督管理工作。建设单位应积极配合环保部门做好环境监测、监察工作，避免生态破坏和环境污染事故的发生。

八、你厅应在收到本批复后15个工作日内，将批准后的报告书分送昌都地区环境保护局，昌都、察雅、八宿县环境保护局，并按规定接受各级环境保护行政主管部门的监督检查。

西藏自治区环境保护厅

2013年5月31日

抄送：自治区发展改革委，昌都地区环境保护局、昌都县、察雅县、八宿县环境保护局，厅自然生态保护处，区环境监察总队、环境工程评估中心，交通运输部天津水运工程科学研所。

西藏自治区环境保护厅　　2013年6月3日印发

- 7 -

图2-3-6　项目批复文件

## （七）关于国道214线昌都至邦达机场公路新改建工程昌都至加卡段可行性研究报告的批复

བོད་ རང་ སྐྱོང་ ལྗོངས་
西藏自治区
འཕེལ་རྒྱས་དང་སྒྱུར་བཅོས་ཨུ་ཡོན་ལྷན་ཁང་གི་ཡིག་ཆ།
发展和改革委员会文件

藏发改基础〔2017〕988号

关于国道214线昌都至邦达机场公路
新改建工程昌都至加卡段
可行性研究报告的批复

自治区交通运输厅：

《关于审批国道214线昌都至邦达机场段新改建工程昌都至加卡段可行性研究报告的请示》（藏交发〔2017〕117号）及有关材料收悉。经研究，现批复如下：

一、为完善我区干线公路网，贯彻落实西部大开发战略部署，改善区域交通条件，促进沿线地区经济社会协调发展，经自治区人民政府批准，同意实施国道214线昌都至邦达机场公路新改建工程昌都至加卡段。

－1－

二、同意路线在既有国道214线走廊带内采用全线新建方案。路线起自昌都市卡若区生格村附近，与在建的国道214线和国道317线昌都过境段生格村隧道相接，经卡若镇、加卡经济开发区，止于梯贡村附近，复接既有国道214线，同步建设城关镇连接线。主线全长约27.1公里、城关镇连接线约1.3公里，全线共设置特大桥9637/6（米/座）、大桥7822/15（米/座）、中桥172/3（米/座），中短隧道1197/02（米/座）。主线在卡若、加卡2处设置互通式立交，另建互通连接线约1公里，同步建设必要的养护工区、交通工程及沿线设施。

主线采用四车道一级公路技术标准建设，设计速度80公里/小时，路基宽度24.5米、分离式路基宽度12.25米；城关镇连接线采用三级公路技术标准建设，设计速度40公里/小时，路基宽度8.5米。地形地质条件复杂、工程艰巨的路段，在保证行车安全的前提下，个别技术指标可适当降低。互通连接线采用三级公路标准建设。全线桥涵设计汽车荷载等级采用公路－Ⅰ级，其他技术指标应符合《公路工程技术标准》（JTGB01-2014）中的相关规定。

三、项目估算总投资控制在47.9亿元以内，由你厅申请纳入交通运输部“十三五”支持西藏交通发展总投资规模调整方案，通过车购税资金解决。在国家资金未到位前，建

－2－

设资金由西藏交通建设投资有限公司负责筹集。

项目单位为西藏交通建设投资有限公司。

四、建设工期36个月。

五、在后续阶段要进一步做好以下工作：

（一）论证路线起终点与路网的衔接，优化路线平纵线形设计，深化局部路线、桥位、隧道轴线方案比选，合理控制工程量和投资规模。

（二）加强澜沧江河床工程地质、水文地勘工作，合理确定桥长、桥型、布孔方案及墩台、基础结构形式。

（三）从技术层面科学论证局部跨江方案的安全性、经济性，避免诱发新的地质病害，做好环境保护和安全设计。

（四）优化施工期间交通组织和保通方案研究，确保既有国道214线在施工期间的道路畅通和运营安全。

六、请严格执行国家有关招标投标的规定，工程勘察、设计、建筑安装工程、监理、大宗材料和机械设备采购等全部实行公开招标，招标组织形式采用自行招标。

七、我委将会同有关部门督促项目单位按照建设环境友好、资源节约型公路的要求，通过加大新技术、新工艺、新材料、新理念的推广应用，优化设计，把保护生态和环境、节约和集约用地、节能减排等工作落实到位。

项目建设期间要加强管理、落实征地拆迁相应政策和措

－3－

施，合理掌握建设工期，确保工程质量，严格控制投资。

请按以上原则开展下一步工作，并编制初步设计报告，待条件具备后，报区交通运输厅审批。

西藏自治区发展和改革委员会
2017年10月30日

抄送：自治区监察厅、审计厅、财政厅、住房城乡建设厅、国土资源厅、环境保护厅、统计局、昌都市人民政府、发展改革委、西藏交通建设投资有限公司。

西藏自治区发展和改革委员会办公室　2017年10月30日印发

－4－

图2-3-7　项目批复文件

## （八）使用林地审核同意书

国家林业和草原局
准予行政许可决定书

林资许准（2019）079号

**使用林地审核同意书**

西藏交通建设投资有限公司：

你单位提交的申请材料及西藏自治区林业和草原局上报的《关于国道214线昌都至邦达机场公路新改建工程昌都至加卡段永久使用林地的审查意见》（藏林字（2019）7号）收悉。根据《森林法》及其实施条例和《建设项目使用林地审核审批管理办法》的规定，现批复如下：

一、同意国道214线昌都至邦达机场公路新改建工程昌都至加卡段项目使用昌都市卡若区国有林地57.6925公顷。你单位要按照有关规定办理建设用地审批手续。

二、需要采伐被使用林地上的林木，可以依据建设用地批准文件或者建设用地预审意见，按规定办理林木采伐许可手续。

三、你单位要做好生态保护工作，采取有效措施，加强施工管理，严禁超范围使用林地，杜绝非法采伐、破坏植被等行为，严防森林火灾。

1

四、西藏自治区林业和草原局及有关市、县级林业主管部门应对项目使用林地情况进行监督。

五、我局委托国家林业和草原局驻成都森林资源监督专员办事处负责项目使用林地的监督检查工作。

六、本使用林地审核同意书有效期为2年。项目在有效期内未取得建设用地批准文件的，应当在有效期届满前3个月向我局申请延期。项目在有效期内未取得建设用地批准文件也未申请延期的，使用林地审核同意书自动失效。

国家林业和草原局
2019年1月30日

抄送：西藏自治区林业和草原局，国家林业和草原局驻成都森林资源监督专员办事处，国家林业和草原局行政许可办，有关县级林业主管部门。

2

图 2-3-8　项目批复文件

## （九）西藏自治区水利厅关于《西藏昌都至邦达机场专用公路新改建工程（昌都城区至加卡段）水土保持方案报告书》的复函

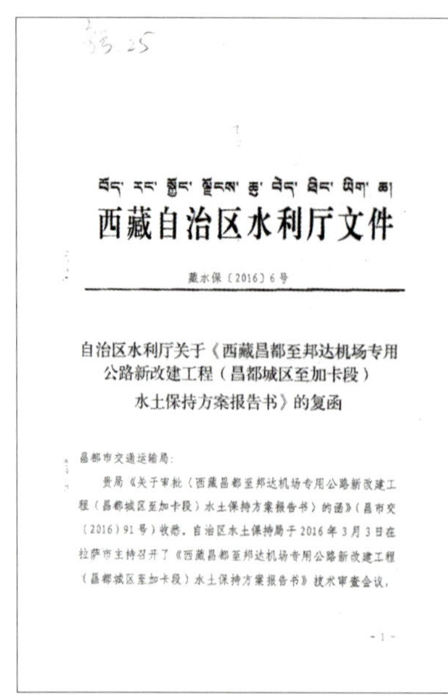
བོད་ རང་ སྐྱོང་ ལྗོངས་ ཆུ་ ལས་ ཁང་ ཡིག་ ཆ།
西藏自治区水利厅文件

藏水保〔2016〕6号

自治区水利厅关于《西藏昌都至邦达机场专用公路新改建工程（昌都城区至加卡段）水土保持方案报告书》的复函

昌都市交通运输局：

贵局《关于审批（西藏昌都至邦达机场专用公路新改建工程（昌都城区至加卡段）水土保持方案报告书）的函》（昌市交〔2016〕91号）收悉。自治区水土保持局于2016年3月3日在拉萨市主持召开了《西藏昌都至邦达机场专用公路新改建工程（昌都城区至加卡段）水土保持方案报告书》技术审查会议，

- 1 -

会后，方案编制单位按照专家组意见对报告书进行了修改和完善。经研究，现复函如下：

一、西藏昌都至邦达机场专用公路新改建工程（昌都城区至加卡段）位于西藏自治区昌都市卡若区，路线起于昌都镇生格村附近，与过境线生格村隧道相接，沿澜沧江两岸布线，依次经卡若镇、加卡经济开发区，止于加卡开发区梯贡村附近与国道G214相接。路线全长27.11公里，采用设计速度V=80公里/小时的双向四车道一级公路标准，路基宽度24.5米，推荐方案设置桥梁全长17636.78米/20座，其中特大桥11099.54米/7座，大桥6470.24米/12座，中桥67米/1座；隧道2座共1197米；互通式立体交叉2处（卡若互通、加卡互通），全线设置涵洞19道，通道1道，天桥1座，养护工区1处，设置表土临时堆放场6处，施工生产生活区11处，土料场4处，施工便道7700米，拆迁各类建筑物8932平方米，工程占地119.94公顷，其中永久占地96.53公顷，临时占地23.41公顷；土石方总开挖124.13万立方米，总填方141.88万立方米，利用方115.96万立方米（其中本段利用96.70万立方米，调运利用19.26万立方米），借方25.92万立方米，弃渣8.17万立方米，均回填于附近的土料场，项目估算总投资47.46亿元，其中土建投资35.87亿元；计划于2016年4月开工，2019年4月完工，

- 2 -

总工期 3 年。建设单位编报水土保持方案符合我国水土保持法律、法规的有关规定，对于防治工程建设造成的水土流失、保护项目区生态环境具有重要意义。

二、方案编制依据充分，内容全面，水土流失防治目标和责任范围明确，水土流失防治措施总体布局及分区防治措施基本可行，符合有关技术规范和标准的规定，可以作为下阶段水土保持工作的依据。

三、基本同意水土流失现状分析。项目区属高原温带半湿润气候区，多年平均气温5.0℃，多年平均降雨量477.7毫米，多年平均蒸发量1088.0毫米，年日照时数2305小时，≥0℃的年积温为2900℃，最大冻深81厘米，多年平均风速2.1米/秒；项目区土壤类型以高山草甸土及亚高山草甸土为主，植被类型为高寒山地植被，植被覆盖率约为50%；项目区土壤侵蚀以轻度水力侵蚀为主，伴有冻融侵蚀和风力侵蚀，容许土壤流失量为500吨/（平方公里·年），属于西藏自治区划定的水土流失重点监督区。基本同意水土流失预测内容和方法，预测工程建设新增水土流失量15515吨。

四、基本同意水土流失防治责任范围为157.73公顷，其中项目建设区119.94公顷，直接影响区37.79公顷。

五、基本同意水土流失防治执行建设类项目一级防治标准，

- 3 -

设计水平年防治目标为：扰动土地整治率95%，水土流失总治理度95%，土壤流失控制比1.0，拦渣率95%，林草植被恢复率97%，林草覆盖率25%。

六、基本同意水土流失防治分区和分区防治措施。

1.路基工程防治区：施工前剥离表土、集中堆放，并做好临时拦挡苫盖措施；做好路基两侧排水、顺接及沉沙措施；加强开挖堆料的临时防护；做好挖填较大路段下边坡的拦挡以及坡面的防护；施工结束后及时进行土地整治、返还表土、撒播种草。

2.桥梁工程防治区：施工中做好桥墩附近泥浆池措施布设；做好开挖土方的防护以及临水侧的拦挡；施工结束后及时拆除临时措施，并进行土地平整，撒播种草。

3.隧道工程防治区：施工期间做好隧道洞口上边坡截排水、坡脚沉沙、消力以及隧道内部的排水措施；做好隧道洞口下边坡与路基衔接处的临时拦挡；施工结束后及时进行迹地清理恢复、并对隧道洞口边坡采取植草防护。

4.附属工程防治区：施工前剥离表土、集中堆放，并做好临时拦挡苫盖措施；做好周边的排水、顺接至场内蓄水水池；施工结束后及时进行绿化。

5.互通工程防治区：施工前剥离表土、集中堆放，并做好临

- 4 -

时拦挡苫盖措施；做好匝道两侧的排水、以及与路基排水沟的顺接措施；施工结束后做好匝道边坡植草防护、以及互通区空闲地的绿化。

6.临时堆放场防治区：施工期间做好土方周边的拦挡苫盖措施，施工结束后及时拆除临时拦挡，并进行土地整治复耕。

7.土料场防治区：施工前做好表土的剥离及临时拦挡苫盖措施；取料前做好周边截排水、沉沙措施；施工结束后返还表土，进行土地整治，种植料场防护林，林下撒播草籽恢复植被。

8.施工便道防治区：严格控制施工扰动地表范围；做好施工期间道路两侧的临时排水沉沙措施；施工结束后对硬化层疏松，进行土地平整，撒播草籽恢复植被。

9.施工生产生活防治区：施工前做好表土的剥离及临时拦挡苫盖措施；做好场地周边的排水、顺接措施；加强施工期间对临时堆料的防护；施工结束后清除硬化层并进行土地平整，复耕或撒播草籽。

各类施工活动要严格限定在用地范围内，严禁随意占压、扰动和破坏地表植被，施工过程中产生的弃土（渣）要及时清运至指定地点堆放并进行防护，禁止随意倾倒；施工结束后要对施工迹地进行清理平整、覆土、恢复植被，要切实加强施工组织管理和临时防护，严格控制施工期间可能造成的水土流失。

- 5 -

十一、建设单位要按照《开发建设项目水土保持设施验收管理办法》的规定，在工程投入运行之前及时向我厅申请水土保持设施验收。

附件：《西藏昌都至邦达机场专用公路新改建工程（昌都城区至加卡段）水土保持方案报告书》（报批稿）

抄送：区发改委、区环保厅、区国土资源厅、昌都市水利局、湖北省水利水电规划勘测设计院。

西藏自治区水利厅办公室 2016年3月8日印发

- 7 -

图 2-3-9 项目批复文件（部分）

# 第三篇 设计篇

# 概 述

设计是灵魂，工程是载体，赋予工程以灵魂，工程才具有生命力。昌加改造工程项目设计根据项目的功能定位、项目特点、工程施工难度，提出了切实可行、合理优化、安全环保的设计方案，不仅为昌加公路的顺利建成打下了坚实的基础，也为西藏自治区的未来经济社会发展确立了新坐标、擘画了新蓝图。

# 一、设计单位简介

中交第二公路勘察设计研究院有限公司，是世界500强中国交建的全资子公司，也是中国公路勘察设计行业综合实力最强的企业之一，连年入榜“中国工程设计企业60强”，是国家高新技术企业、全国工程勘察设计先进企业，“中交二公院®”获湖北省著名商标。

该公司具有公路、桥梁、隧道、交通工程、市政、轨道、建筑、环境生态、岩土与地下工程等专业领域的规划咨询、项目策划、勘察设计、投资建设、项目管理、工程总承包以及运营管理等全产业链技术服务能力，具有承担国家级重大科研项目开发和编制行业技术标准、规范、手册、指南的技术实力。该公司现有各类从业人员2000余人，其中在职员工1401人，各类专业技术人员占比达96%。在职员工中有教授级高级工程师160人、副高级职称428人，中级职称428人，初级职称290人，技能人才57人。现有各类高层次专家40人，各专业国家注册工程师392人。

该公司自成立以来，特别是最近十几年，在中国公路建设大发展的形势推动下，在公路勘察设计工作中经历了从平原到山区，从低等级公路到高速公路，从简单的仪器设备到高科技的GPS、航测遥感、计算机CAD数字化集成技术的开发运用，从单一的公路勘察设计到路、桥、隧交通工程、环境景观美化、城市道路、地下工程、海底隧道等综合工程设计的跨越式飞跃，攀上世界公路测设技术的高峰。创造出多项优秀设计成果。近年又成功地开发了运用空间信息的公路勘察设计数字集成技术，列为国内领先，达到世界先进水平。同时公司国际工程业务集市场开发、经营运作、项目管理于一体，在原有中、西非、东南亚、中美等传统市场区域外逐步进入南部非洲、西亚和南美等新兴市场国家，已完成多个国际工程项目，获得了所在国政府和人民及合作企业的广泛认可和好评。

# 二、设计依据

该项目设计的主要依据有：

（1）国道 214 线昌都至邦达机场公路新改造工程昌都至加卡段工程勘察招标文件。

（2）国道 214 线昌都至邦达机场公路新改造工程昌都至加卡段工程中标通知书。

（3）中交二公院编制的《国道 214 线昌都至邦达机场公路新改造工程昌都至加卡段工程可行性研究报告》(简称《工可》)。

（4）住房和城乡建设部、国土资源部、交通运输部联合批准的《公路工程项目建设用地指标》（2011 年 12 月 1 日）。

（5）国家和交通运输部颁发的公路工程技术标准、规范、规程以及工程定额等。

# 三、设计原则

## （一）总体设计原则

（1）以《工可》确定的路线走向为基础，结合该路段的地形、地质、社会、环境及交通特点，广泛征求地方政府和有关部门意见，深入调查，综合论证。

（2）通过多方案比选，选择最优路线方案，并正确运用指标，充分体现“不破坏就是最大的保护”的环保设计理念。

（3）合理选择路线方案，尽量避免大规模的拆迁，照顾沿线人民群众利益，节约工程造价，注重立体设计，做好平纵横综合协调。

（4）加强现场勘察，充分考虑沿线居民出行方便。

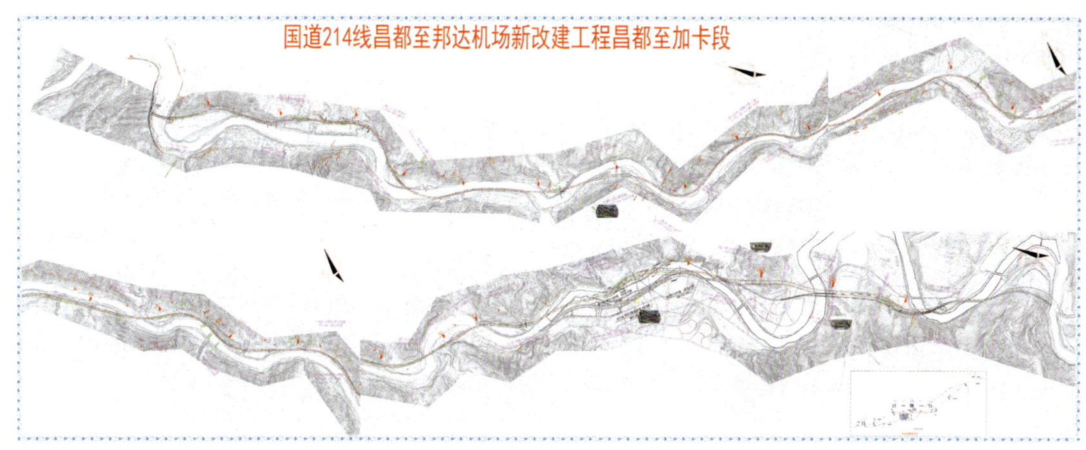


图 3-3-1 昌都至加卡段挂图

## (二)具体设计思路

(1)方案比选充分体现“安全选线、环保选线、地形选线和地质选线”等原则，综合考虑重难点工程对路线方案的制约。针对该项目地质地形复杂，路线平均海拔高，桥梁、隧道等重难点工程，勘察设计中综合分析地质地形条件、隧道进出口条件、长大隧道规模、长大纵坡条件及桥梁规模等因素，确定合理的路线方案。

(2)严格遵照现行标准和规范，加强设计中灵活性原则，采用合理的技术指标以适应地形变化的要求。

(3)加强工程地质综合勘察工作，全面收集项目区公路、水利、建筑等地质科研成果，合理处置地质病害，有效控制工程总量。

(4)公路建设注重环境保护和景观设计，使公路线形、桥隧、交叉和沿线设施等与自然景观相协调，桥梁、隧道和交叉形式体现出现代气息。

(5)加强路基(特别是滑坡、崩塌、水毁、泥石流、冰害、冻胀与翻浆及季节性冻土等地段)的防护、排水设计，按照“灵活自然、因地制宜、顺势而为”的原则进行边坡及防护工程设计，确保路基稳定、安全；合理控制路基填土高度，高度重视取、弃土的景观与环保问题，避免对高原生态造成较大影响。

(6)坚持可持续发展，树立节约资源的理念，落实最严格的耕地保护制度，尽量少占耕地、林地，少拆迁。

(7)注重精细化设计。充分考虑施工技术难易程度，最大限度减少设计变更，降低工程造价。如对填方超过 25 米，挖方超过 30 米的路段进行必要的桥隧方案比较；

图 3-3-2 生格村大桥

对局部困难路段适当降低指标，避免工程规模的不可预见性扩大等。

（8）加强各专业领域的协调设计。合理考虑隧道、桥梁和一般路基的衔接；交叉设施与沿线居民生活相适应等。

（9）加强科学研究，采用“四新技术”（即新技术、新结构、新材料和新工艺）及“设计新理念”，充分利用科技攻关成果以及典型示范工程方面的经验，为该项目提供全方位的技术支撑，把该项目建设成为优质工程。

## 四、设计特点

作为西藏自治区公路交通超常规发展规划实施的大型重点项目，昌加公路具有示范引领意义。昌加公路位于西藏自治区东北部，路线沿澜沧江两岸布设，澜沧江两岸大部分地形陡峻、工程地质条件复杂，根据区域内地形、地质、水文等条件，该项目设计有以下几个特点：

1. 具有较强的战略意义，促进经济社会发展

西藏昌都至邦达机场专用公路是国道 214 线在昌都境内的重要组成部分，既是连接昌都镇与邦达机场的快速通道，又是连通昌都市北部国道 317 线经济带和南部国道 318 线经济带的重要交通干线。该项目的建设对贯彻落实国家对西藏经济社会发展政策、提升藏北公路网功能、改善藏北地区交通基础设施条件、进一步促进西部大开发建设进程、改善沿线地区投资环境、促进项目影响区经济社会发展、加强国防建设、促进民族团结等均具有十分重要的意义。

2. 恶劣自然条件下，注重施工质量和人员健康

该项目区自然条件恶劣，高海拔、高寒、低气压、低氧、大风、干燥、强日光辐射等给机械运转维护和工人的生命安全带来很大威胁。在这样的自然条件下，一方面

图 3-4-1　加卡互通现场

图 3-4-2　澜沧江两岸地形图

造成施工成本上升和工作效率低下，另一方面给施工质量控制带来很大难度。因此，在设计时选用施工简便、作业强度低、质量有保障的方案，提出切实可行的质量检验标准，并在临时工程设计中考虑必要的健康保障措施。

3. 沿线生态环境脆弱，环保水保要求高

该项目设计路线沿澜沧江两岸布设，两岸地形陡峭，走廊带内资源有限、不可再生，沿线生态虽好，但比较脆弱。设计时特别注意加强了对区域内生态环境的保护，加强对表土和草甸的剥离和养护，尽量少破坏农田、施工驻地、现场搅拌作业场、弃土场等，远离生态敏感区。运营期要对跨越水体的桥梁桥面径流进行收集和处理，设计桥面布置径流收集管和沉淀池等措施，收集桥面污水并进行处理，并在桥梁两端设置“重要水体、谨慎驾驶”警示标识牌。沉淀池兼具危险品运输事故缓冲池作用，防止发生危险品事故时对水体造成污染。

4. 尊重西藏民族文化，展示高原民族风情

该项目沿线分布有神山、圣湖，并拥有众多的文物和古迹，如寺庙、石刻及一些文化遗址，尽管大部分未列入保护单位，但这些文化古迹及宗教场地均为不可移动文

物，不可复制，代表西藏悠久的历史文化，也是了解西藏历史的窗口。项目建设时对历史文物古迹进行绕避，充分尊重少数民族文化和风俗习惯。

5. 地质复杂，地质灾害严重

该项目山高谷深，区域地质构造活动强烈，山坡沟谷坡降大，夏季降雨及融雪的共同作用易产生泥石流，另外滑坡、堆积体、崩塌严重，对路基、桥涵的危害很大。

6. 地震烈度高，抗震设计要求高

该项目所属区域地震烈度较高，桥址区地震烈度为Ⅷ度，地震动峰值加速度为 0.2$g$；重点桥梁按地震烈度为Ⅸ度设防，设计按要求提高一级采取抗震措施，做好抗震设计，确保结构安全。

7. 江水流急落差大，路基防护和桥涵防冲刷困难

该项目路线沿澜沧江两岸布设，河床比降大，洪水季节河流水流量较大，雨季河水流量骤增，落差大、流速急、冲刷能力和淘蚀能力极强，路基易受水流侧蚀坍塌。水毁常发生在临河低线位松散边坡路段和河流凹岸顶冲路段，该项目特别加强了下构基础的防冲刷设计。

图 3-4-3 澜沧江

# 五、设计技术标准

昌加改造工程项目主线推荐采用双向 4 车道一级公路标准，设计速度 80 千米 / 小时，采用公路 –I 级设计车辆荷载，路基宽 24.5 米。昌都连接线采用设计速度 40 千米 / 小时，路基宽度 8.5 米三级公路标准。

昌加公路路线起点位于昌都市生格村，自生格村 ( 起点桩号 K1+190)，路线跨过澜沧江后，在昌都市武警支队北侧，设农科所连接线（里程长度为 1.268 千米），此后路线沿澜沧江布设，经过野堆村、卡诺镇，在卡诺镇设卡诺互通一处，跨过澜沧江后经过青达村、左巴村、侧格村、加卡经济开发区，在加卡经济开发区 A 坝区设加卡互通一处，B、C 坝区分别设加卡隧道及捏大桶隧道一座，路线终止于加卡开发区 D 坝区（路线终点桩号 K27+600），终点设临时连接线接国道 214 线。该项目推荐线里程长度为 26.956 千米（断链长度 546.251 米），不含农科所连接线 1.268 千米。

# 六、设计亮点

## （一）路线设计：与地方路网衔接，方便沿线群众出行

由于该项目独特的地理位置、地形、地质条件，结合该项目服务功能和建设条件等因素，在满足规范要求的前提下，充分贯彻“安全、环保、舒适、和谐”的设计理念，尽量节约用地、避免开挖、少拆房屋、方便群众、依法保护环境、保护文物古迹。

路线设计时结合孜通坝规划和区段内各职能部门的出行条件要求，采用半落地方案，往机场路方向设置上下联络道路，方便沿线群众出行和新规划区快速上下昌加公路。

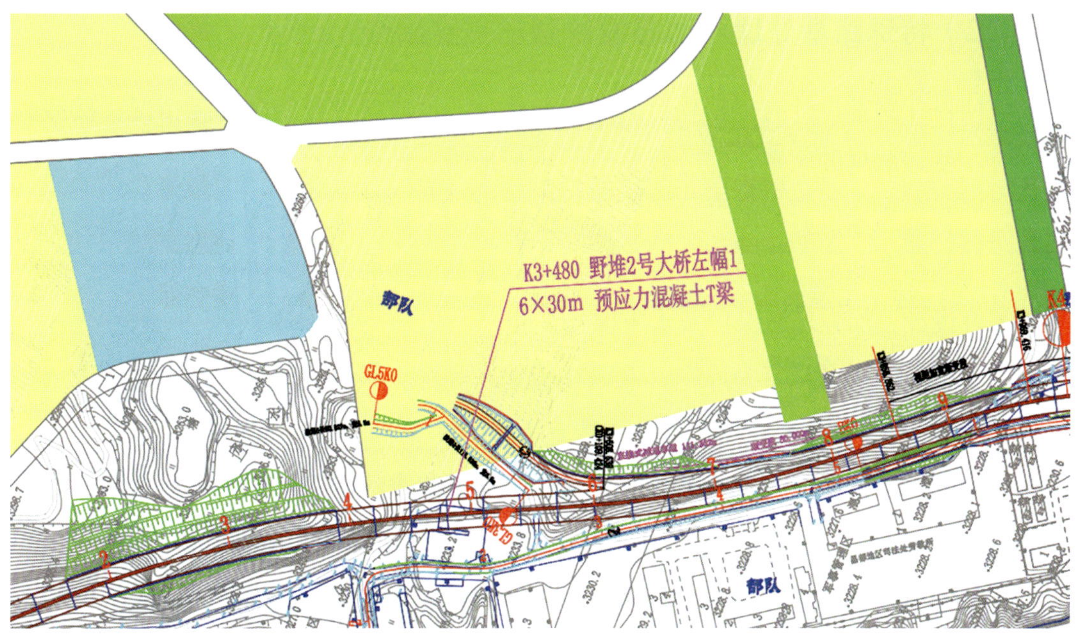


图 3-6-1 孜通坝规划图

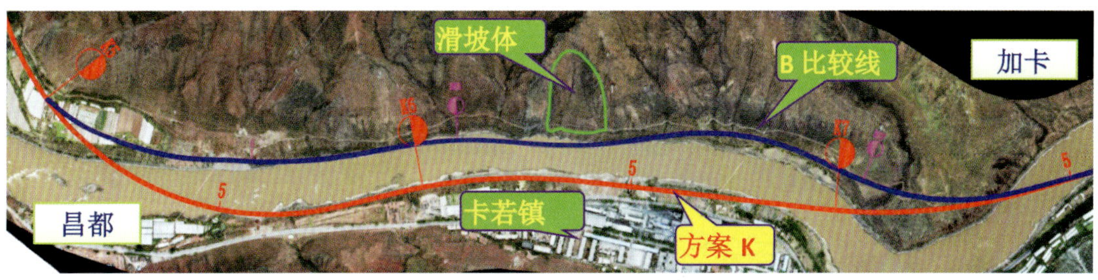


图 3-6-2 K5+000~K7+000 避让不良地质

图 3-6-3 达学村避让地方规划

## （二）特殊路基处理：动态设计理念贯穿始终

该项目在路基设计时根据项目区地形起伏大、地质条件复杂的实际情况，按照因地制宜、就地取材的原则，充分收集沿线地形地貌、地质、水文、气象、地震等基础资料，并在深入分析研究的基础上，决定考虑采用机械化施工方法，并结合地形地质条件、路基填挖高度、环境景观等选择适当的路基横断面形式，进行路基排水、防护等的综合设计，加强环境保护及水土保持。

路基设计以安全稳定为原则，兼顾环境保护和水土保持，充分体现了“安全、环保、舒适、和谐”的设计理念。

防止地质灾害对路基、桥梁、隧道等构筑物的危害，以防为主、防治结合，处置方案安全经济、施工方便、顺应自然，并尽量与周边环境景观相协调。

把动态设计理念贯穿于整个工程建设过程中，根据实际情况，及时调整和优化路基防护方案，充分保证设计方案的合理性和可行性，保障工程建设顺利实施。

图 3-6-4　路基换填现场

图 3-6-5 路基边坡防护

### （三）桥涵、隧道设计：全线统一标准

在不降低原有道路、河道、沟渠等功能的基础上，桥位设计选择服从路线总体设计，结合桥位处地形、地貌、地质、水文等条件，合理进行桥梁方案设计，部分桥梁兼跨越地方道路或规划道路，注意桥、路的配合及地方道路的通行需求。

昌加公路桥隧比较高，特别是桥梁占路线总长约 50%，合同建设工期短，设计过程中尽量采用标准化设计，桥梁上、下部构造、附属工程等全线统一标准，确保施工过程中能大规模批量预制 T 形梁。桥梁设计时还适当考虑施工方便，建设模板种类的因素，同一标段内桥梁跨径的选择分段采用 30 米或 40 米的标准跨径，在受地形地物控制的个别位置采用 20 米跨径。

隧道洞口设计以“早进洞，晚出洞”为原则，遵循“安全、经济、和谐、自然”的设计理念，最大限度地降低洞口边坡仰坡的开挖高度，禁止大挖大刷以保证山体稳定；同时减小对洞口自然景观的破坏，尽可能保持原地形的绿色植被坡面，洞口周围边仰坡采用自然的生态防护，整体上突出“小洞门、大绿化”的洞口效果。

在对洞门形式的选择过程中，结合每座隧道的特点及洞口地形、地貌、工程地质、水文地质条件和地方民俗民风等，洞门形式的选择力求简洁，并与洞口的地形、地貌、自然景观协调一致。

图 3-6-6　侧格 2 号大桥

图 3-6-7　沿河地形选线

图 3-6-8 昌加改造工程项目加卡隧道

## （四）安全设施设计：提供全方位、多角度、无空白保障

机场路昌邦段设计等级为全封闭一级公路，安全设施设计内容包括：道路交通标志、道路交通标线及突起路标、路侧及中央分隔带护栏、隔离栅、防眩设施、视线诱导设施（轮廓标、视线诱导标）等。以“主动引导、被动防护、全时保障、隔离封闭”为设计思路，突出“以人为本”的设计理念，始终把安全放在首位，采用成熟的新技术和新材料，为道路使用者提供更加人性化和周到的服务，实现“全方位、多角度、无空白的安全保障”目标，使车辆安全、顺畅、便捷地到达目的地，尽可能地避免交通事故的发生。一旦发生事故，力求最大限度地保护人员和车辆，避免诱发二次事故。

## （五）环境保护与景观设计：贴近自然，融于环境

机场路昌邦段位于昌都市经济开发区内，路线总体设计注重周围环境和自然景观的协调统一，重要路线节点贴近自然，融于环境，桥梁等均考虑与周围环境相通相融，尽可能成为标志性景观节点。

通过绿化设计使沿线的绿化美化工程满足道路交通功能的需要，改善行车条件，使公路更为安全、快捷、舒适。同时给道路增添绿色，使道路更具地域特色及观赏性，绿化工程设计采用突出昌都当地人文景观及民俗特色，简单易行又节省投资的绿化方案。

设计的总体要求是在工程技术的基础上结合园林、生态学原理，利用地形地貌造景，还大地一个富有生机的的绿色通道。为此，项目利用公路两旁的自然植物群落，结合公路环境中人工植物群落的建立，采用障景、借景等造景手法，通过植被的分割变化来衬托道路的植被轮廓线，从而形成一条绿色风景线。

在环境保护方面，该项目设计贯彻预防为主、以治为辅、综合治理的原则。考虑到道路系统的线形布局，空间跨域范围大，周边环境差异大，环境和绿化景观设计立足全盘考虑，统一规划，协调一致，突出主要功能，讲求实效。

图 3-6-9　侧格 3 号桥（1）

图 3-6-10 侧格 3 号桥（2）

# 第四篇　管理篇

# 概 述

对于项目而言，如何增强工作效率，让项目有明确的发展方向，使员工充分发挥自身潜能，给客户提供满意的产品和服务，帮企业树立良好形象，项目管理至关重要。

为实现昌加改造工程项目的高品质建设目标，西藏交通建设集团及三家监理单位全流程高标准、严要求，在对项目实施标准化、精细化管理，保质保量完成建设的基础上，更加注重对生态环境、人文环境等方面的管理，打造既有品质又有温度的“暖心”工程，助推西藏交通事业高质量发展。

# 一、建设单位简介

按照西藏自治区党委、政府的决策部署，为突破交通建设资金制约瓶颈，加快交通基础设施补短板步伐，西藏自治区交通运输厅于 2016 年 2 月开始筹建西藏交通建设投资有限公司。该公司是由西藏自治区人民政府直管，西藏自治区交通运输厅协管的国有独资企业。2019 年 2 月 26 日，经西藏自治区政府十一届二十一次常务会议审议通过，交通投资经营范围增加了铁路、航空、城际轨道等内容，公司名称由“西藏交通建设投资有限公司”变更为“西藏交通建设集团有限公司”。

经过多年发展，西藏交通建设集团有限公司已成为西藏本地公路交通建设的主要承担者。该公司成立以来，充分利用党和国家给予西藏的特殊金融优惠政策，加强与在藏银行业金融机构的合作，共签订各类贷款合同总额 1526 亿元，已累计使用贷款 1003.7 亿元，占“十三五”交通基础建设规划总投资的 42%，占自主融资总额的

图 4-1-1 指挥部人员合影

83.6%，有力保障了“一带一路”建设和面向南亚开放大通道、国省公路、边防公路和脱贫攻坚等项目的如期启动，积极推动了《西藏自治区综合交通运输“十三五”发展规划》的顺利实施，对稳增长、促投资、惠民生发挥了不可替代的重要作用。

2016年以来，西藏交通建设集团有限公司共承接公路交通建设项目56个，总投资571.27亿元，累计完成投资382.05亿元，占“十三五”期间前4年交通固定资产总投资的20.03%。

该公司现有职工641人，党员115人（17.9%），平均年龄36岁。其中临聘人员386人（60.2%），在编人员255人（35.1%）；汉族351人（54.8%），少数民族290人（45.2%）；本科及以上学历233人（34.8%），硕士学历8人（1.2%），大中专学历227人（35.4%）；解决高校毕业生就业222人（35.1%）。

## 二、工程建设目标

### （一）工程质量目标

该项目工程交工验收的工程质量评定等级达到合格标准，且工程质量综合评分值≥92分，竣工验收工程质量鉴定等级达到优良，力争赢得西藏自治区“雪莲杯”，争创国家优质工程。

### （二）安全生产工作目标

无重大、较大事故、一般事故。

### （三）环境保护目标

把该项目建设成为一条“环境破坏小、耕地保护好、水土保持佳、循环利用适、田园风光美”的自然和谐生态路、环保路、景观路、富裕路。

### （四）廉政目标

廉洁高效，实现工程优质、干部优秀。

# 三、工程建设前期筹备

## （一）前期工作

昌加改造工程项目施工合同段于 2017 年 12 月招标，2018 年 1 月与土建单位签订施工合同，项目招标单位为西藏交通建设集团有限公司；机电、交安、绿化于 2020 年 1 月招标，2020 年 4 月西藏交通建设集团有限公司与各附属参建单位分别签订施工承包合同及监理合同，同时签订《安全生产合同》《公路工程建设劳务用工责任书》《工程资金监管协议》《工程质量责任书》，为工程顺利推进提供制度保证，该项目总体开工时间为 2018 年 2 月 8 日正式开工建设。

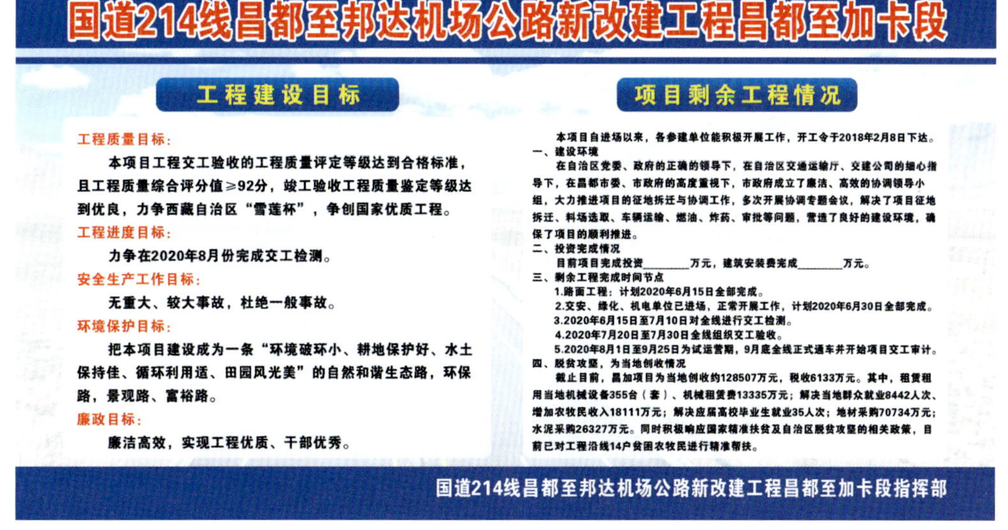


图 4-3-1　昌加改造工程项目指挥部工程建设情况图

## （二）征地拆迁

各参建单位进场后，在昌都市征地拆迁及协调领导小组的坚强领导下，昌都市政府相关部门、指挥部及各施工标段，通过实地调查研究、现场办公、组织多部门多层面的协调会，大力推进项目的征地拆迁与协调工作，克服了由于项目沿线走廊带狭窄和昌都市政府规划等造成的临时用地征用及料场选取等难题，在征地拆迁、临时用地征用及协调、油料储运等方面均按计划得以实施，各施工单位与昌都公路分局签订协议，在施工期间保证国道214线平交道口的安全与交通疏导工作。

该项目用地总面积为107.7517公顷，其中原有用地面积2.7837公顷，转用面积104.9680公顷。转用部分占用国有土地79.8064公顷（其中林地0.3116公顷、灌木林地25.1021公顷、其他林地0.1241公顷、天然牧草地35.9467公顷、建制镇0.0646公顷、采矿用地2.6720公顷、特殊用地1.2419公顷、其他草地0.7786公顷、河流水面8.8564公顷）；占用集体土地25.1616公顷（其中水浇地14.9109公顷、旱地8.4340公顷、设施农用地0.5378公顷、农村道路0.9132公顷、村庄0.3657公顷）。

### （三）协调工作

为了顺利推进项目工程，经指挥部与市协调领导小组协调后，当地政府积极配合，由昌都市安委会召集公安局、交通运输局、工业和信息化局等单位召开了专题协调会，并在该项目一标段和四标段各成立了一处临时公安派出所进驻工地，解决项目治安、交通运输、施工用油、民爆用品的审、报批程序等协调和管理工作，在地方政府大力支持下，项目运转始终保持正常。

## 四、项目单位管理举措

### （一）制定相应工程制度管理办法

该项目地处昌都市境内，社会环境总体较好，外界干扰不大。路线两岸谷坡陡峻，坡度一般大于45°，地形较为复杂。在施工过程中，为保障项目实施质量，该项目通过制定项目管理文件、标准化施工管理细则、项目考核管理办法、安全生产管理制度、安全生产方案等，严加建设管理，推动项目更好、更快实施。

### （二）实行标准化工程质量管理

该项目严格按照规范化管理和标准化建设，推行“首件工程认可制”，保证西藏自治区交通运输厅下达的项目管理目标的有效落实。督促监理单位对施工单位原材料进行严格检查审批，并对地材、水泥、钢筋等原材料进行取样检测工作。

为保证工程质量，项目指挥部开展了项目梁板预制施工、梁板架设施工、桥梁下部施工、桥面系施工、试验室专项检查活动，组织了年度职工劳动和技能竞赛、昌加项目质量提升专项检查等系列活动，提升职工的技能水平，统一施工标准。对交通运输厅和自治区工程质量安全技术监督局、交建集团等上级领导部门对该项目督查时指出的问题进行专项整改。

同时该项目还加强施工现场巡查，项目指挥部各部门负责人及部门工程师每天到工地巡查，重点检查现场质量和违规施工现象，对不合格项坚决返工并加以处罚，绝不留隐患。

### （三）强化工程进度管控管理

在项目实施过程中，项目指挥部组织各参建单位通过超前谋划、强化过程管控等方式，制定节点目标制、倒排工期、奖罚考核；严格按照相关规定与办法对关键节点进行组织管理，及时发现问题，找出根源，并制定弥补措施，杜绝“等、靠、要”的思想。

### （四）签订责任书保障工程安全

在安全生产工作上，该项目指挥部与各参建单位分别签订《安全工作生产目标责任书》，并制定指挥部各部门《安全职责》、签订《个人安全责任书》。各施工单位临建设施严格按照审批方案进行。针对 2019 年施工进展，对于危险性较大的分部分项

图 4-4-1 2019 年 4 月 29 日，昌加改造工程项目举办劳动和技能竞赛

工程，本着“科学、合理、安全、具有可实施性”的要求重新编制了专项施工方案。确保了“实现无重大伤亡事故，有效防止一般安全事故”的“平安工地”建设目标。

项目指挥部安全巡查重点桥梁高墩、临边防护、隧道工程作业、大型设备吊装等，对检查出的问题要求总监办督促施工单位限期进行整改。同时，认真学习西藏自治区、西藏交通运输厅、西藏交建集团关于“新中国成立70周年”大庆期间维稳工作的文件并多次召开维稳工作安排会议。

## （五）充分尊重自然，保护生态环境

在环境保护工作中，该项目严格按照西藏自治区环保厅、水利厅及地方环、水保部门相关文件的要求，有针对性地开展环、水保工作：对施工扬尘，各标段配置多辆洒水车，不间断对施工现场进行洒水降尘。施工现场裸土覆盖，对损坏及覆盖不到位的工点实现全面覆盖。临江桥梁施工，对已经完工的工点进行环保恢复及河道清理。驻地实现对垃圾集中收集处理。沿国道214线施工全面封闭围挡。在项目推进过程中，昌加项目始终贯彻“预防为主，保护优先”的原则。在保护中求发展、在发展中重保护，把该项目建设成绿色公路、环保公路、和谐公路。

2019年9月2日下午，水利部部长江委对昌加项目行洪论证进行复查，并顺利通过。自始至终昌加项目未发生环、水保投诉。

## （六）党建与业务融合发展

2019年，该项目指挥部充分发挥党员的先锋模范作用，把临时党支部建设成为党的坚强堡垒，把项目团队进一步建设成为具有凝聚力、战斗力的团队。指挥部积极促进党建与业务融合发展，加强党风廉政学习，围绕“不忘初心、牢记使命”主题教育，积极组织开展多次主题教育。加强项目自身建设，提高项目管理水平，对项目管理、设计、施工、监理提出更高要求，以严的作风、严的要求、严的措施，大力推动项目的建设进程。

按照西藏自治区纪委驻交通运输厅纪检组及西藏交通建设集团有限公司的要求，指挥部、总监办、项目部分别签订昌加项目年度《廉政建设责任书》《廉洁从业承诺书》，严格按照公司驻指挥部纪检组的要求，促进党风廉政建设工作的健康发展，筑牢拒腐防变的思想道德防线，加强指挥部及各参建单位的廉政建设工作，规范各单位工作人员廉洁自律行为。同时加强对各参建单位广大干部职工的宣传、教育，并且积

图 4-4-2　西藏交通建设投资有限公司“十一个严禁”和“五个不准”的规定

极开展自查自纠工作。

昌加项目临时党支部多次组织召开学习会议，学习西藏自治区交通运输厅、西藏交通建设集团有限公司党委党风廉政工作会议精神，观看反腐教育视频。

## （七）严格财务管理及资金使用

为确保该项目顺利实施和项目建设资金使用的高效、合理、安全，该项目指挥部严格财务管理，严格按照《工程资金监管协议》，对各参建单位的资金使用进行有效监管，坚决管好用好项目建设资金，做到工程资金的专款专用。

## （八）实名制统一管理民工

为切实解决农民工工资问题，保障农民工的合法权益，维护社会稳定，该项目各项目部经理在聘用民工时，要求通过合法途径，并依法签订《劳务合同》。聘用过程中高度重视民工工资发放的问题，并依据《民工工资管理办法》，严格资金审批，实名制统一管理民工，通过工资发放监督及过程全程录像等措施，确保民工工资发放到位。

按照西藏自治区交通运输厅统一部署，该项目部指挥部积极组织参建单位参加农民工实名制管理系统培训，督促管理平台录入工作，直至所有民工录入工作结束。

# 五、监理单位情况介绍

## （一）西安方舟工程咨询有限责任公司

1. 单位简介

西安方舟工程咨询有限责任公司（简称方舟公司），是“中交第一公路勘察设计研究院有限公司”旗下具有独立法人资格的国有企业。主要从事公路工程设计、咨询和监理业务，业务足迹遍布全国28个省、市（自治区）及亚洲、非洲部分国家和地区。

方舟公司通过了ISO 9001：2008、ISO 14001：2004、GB/T 28001—2001三标管理体系认证，具有公路工程监理甲级、特殊独立大桥专项、特殊独立隧道专项三项监理资质和援外工程施工监理资质，以及公路工程咨询甲级和公路工程设计乙级资质。

方舟公司是中国交通建设首批9家优秀品牌监理企业之一，公司多次被交通运输部（原交通部）评为先进集体。20多年来，先后获得设计、咨询、监理等奖项百余项。

方舟公司以质量为本，视人才为企业发展的命脉，并确立了以知识经济为核心，源于“以人为本，团队至上”的企业人才战略，多年来培养了一批业务精、素质高的专业技术专家和咨询监理人员。方舟公司拥有先进的勘测、检测设备，对项目实行全程计算机动态控制管理，擅长特大型桥梁、隧道工程监理，特殊路基处置、滑坡处理、工程项目管理，公路桥梁设计咨询等，有完整的质量保证体系、健全有效的管理制度及良好的社会信誉，并依托雄厚的技术力量和良好的声誉积极拓展海内外市场。

2. 监理工作过程介绍

（1）施工前的准备阶段

①接受业主委托监理并签订监理合同。

②监理人员熟悉审核设计文件、审核承包商质保体系、施工资质、施工组织设计（方案）等。

③审核设计文件内容：图纸是否符合规范，图纸是否有明显错误，图纸是否能指导施工，预算中工作量、材料、设备有无出入、设计技术要求是否符合等。

④审查承包商质保体系：施工资质、项目经理、技术人员等资格证明等。

⑤审查承包商施工组织设计（方案）：施工组织设计（方案）具备的内容。

⑥编写监理规划和监理实施细则。

监理规划内容：工程概况（工程简介、主要工作量），监理依据（合同、法律法规、设计文件、施工验收规范、业主相关标准），监理工作范围、内容。

监理实施细则：就监理具体工作按照事前控制、事中控制、事后控制进行详细说明，对于监理规划中工作的细节，以及事中控制工作详细结合验收规范里面一些具体的指标和要求进行编写。

⑦参加业主组织的协调会。

a. 设计交底（会审）：对设计中出现的问题和差错提出合理的建议。

b. 第一次（监理）协调会：在工程开工前，由建设单位组织工程相关单位，授权确定建设单位代表人员、承包单位项目经理及有关职能人员、监理单位项目总监等。会议主要内容为宣布项目总监并向其授权，宣布建设单位负责人和工程项目经理，各方组织机构（专业人员、职务分工）相互介绍认识，项目经理汇报施工现场准备情况，总监做监理规划和监理实施细则报告，承包单位做施工技术方案交底，并明确工程有关的其他事项。

⑧审查开工报告。

（2）施工阶段

①审核工程材料（质量控制）：根据承包单位报送工程材料报验表。

②如工程没有进行设计交底，监理人员必须在开工时把设计要求和施工技术规范与施工负责人或技术人员在工程现场事前交底。

③监理人员对工程每道工序进行巡检，特别对隐蔽部位和工程关键工序进行旁站，并做好隐蔽部位质量的验收记录（质量控制）。现场监理人员要求承包单位填写工序报验单、隐蔽工程签证记录、专业质量控制表。对于不合格的工序或工程隐蔽部位，不能进入下一道工序，由监理工程师签发《监理通知单》《监理指令》后由施工单位整改。整改完后施工单位回复《监理通知回复单》《监理指令回复》。

在施工监理过程中，监理人员通过巡视检查、专项检查、联合检查、专题会议等方式，及时检查存在的问题。在该项目中，方舟公司共下发红头文件 89 份，安全监理通知单 53 份，环水保监理通知单 35 份，监理指令 131 份，所有需要整改回复的文件均按要求整改完善并书面回复，包括施工过程中出现的达不到规范标准要求的、现场需要返工的部分不合格工程，在全体监理人员的共同努力下，项目施工安全、质量、进度、投资、环水保等均得到有效控制。

④审核工程施工进度表（进度控制）。

a. 建立反映工程建设进度的监理日志和工程施工进度表。

b. 落实、督促检查工程进度。

c. 分析进度偏差的原因，调整施工进度。

d. 对于一些应急工程，明确进度与质量的关系，出现一般质量问题要求施工单位整改，但关键质量问题坚决按标准落实。

⑤核定工程量及变化量，签署工程进度款支付。监理人员重点注意设计变更的处理，设计变更无特殊情况由施工单位提出变更报告，监理单位核定变更的合理性，再交给设计单位进行设计变更处理，设计单位明确处理结果前，监理人员不能擅自做设计变更表态。监理人员把握签证的准确性、及时性、专业性。

⑥安全、环水保生产督促、检查。监理人员对工程施工中存在安全、环水保隐患以及违反施工操作规程的现象及时指出，要求施工单位整改，施工单位拒不整改的，由监理工程师下发监理通知单。

⑦定期召开监理现场例会。专业监理工程师就工程存在和需要解决的问题召开监理现场例会，研究解决有关事宜，做好会议纪要。

⑧单项工程初（预）验收。监理工程师在单项工程完工后组织现场监理员、施工单位技术负责人、施工队长、班长参加对工程初（预）验检，发现问题后做好详细记录，提出整改要求，并跟踪整改结果。

（3）交工及质量缺陷责任期

①对已完工工程进行工程质量评估，并及时提供分部、单位工程质量评估报告及监理工作总结。

②总监组织监理工程师根据规范和强制性标准条文对承包单位报送的完工工程的实物质量进行竣工预验收、竣工资料进行审查，并在对存在问题的整改结果复验合格的基础上，向建设方提出竣工验收建议，协助建设方组织竣工验收。

③工程质量保修期内，根据监理合同约定：当建设方在使用中对工程质量提出异议或监理公司在回访中发现影响使用的质量缺陷时，须派专人进行现场查验。对于在保修范围内的问题，通知施工方保修。

④工程整体验收合格后，由四方（建设单位、设计单位、施工单位、监理单位）

签章认可工程等级，签署“竣工移交证书”。

⑤对监理资料、监理管理信息（监理行为、施工行为、建设单位的要求等）进行详细文字记录并综合管理。

3. 监理经验总结

（1）坚持“监、帮、扶、促”的工作方式

在监理工作过程中，昌邦项目方舟公司的全体监理人员始终把监、帮、扶、促的工作态度和理念贯穿于整个监理过程，始终牢记“坚持、感恩、和谐、超越”的企业精神，秉承“承接一项工程、树立一块牌子、开辟一片市场、锻炼一批人才”的经营理念，坚持“诚信高于一切，责任重于泰山”核心价值观，保障昌加项目持续、稳定、安全、保质、保量的顺利完成。

（2）实施 PK 金考核办法

在项目管理过程中，方舟公司为激发所有人员的潜能及团队协作能力，制定了 PK 金考核办法，倡导 PK 文化是为了帮助方舟公司昌加项目营造和谐、积极、创新、竞争新氛围，充分调动全体监理人员的工作积极性，PK 金管理办法在运行过程中不断修改，逐步完善，起到了很好的作用。

PK，即在规定时间内，制定统一目标，设定形式多样的 PK 奖金，由员工个人进行挑战，达到目标且完成相关任务，并最后通过总监办相关管理人员按照相关内容综合考评的优秀个人，则为 PK 获胜者。

PK 的内容为：

①结合参评个人行为及岗位职责，对安全、环水保、现场文明施工、质量、内业、团队协作能力等相关事项进行综合考评，采用百分制。

②每月月初个人制定相关工作计划、月底进行自我总结，最后由方舟公司各部门负责人、监理组长开会讨论，最终分析并得出考评结果。

（3）项目个人风险金管理办法

为进一步提高监理人员业务水平和工作能力，提高监理人员工作的主动性和积极性，以及监理人员的风险意识，方舟公司经监理会议讨论决定，对总监办全体监理人员实行风险金抵押管理制度，风险范围包括安全风险和质量风险。风险金抵押管理办法分为四大部分，即风险金缴纳形式、风险范围、风险金的扣除与奖励、风险金的返还。

通过全员抵押风险金的管理办法，增强全体监理人员的风险意识，提高全体监理人员的主动管理意识，监理人员由日常的出现问题解决问题，提升为提前分析和预判工作中存在的风险点，并提前制定应对、预防措施。

## （二）云南伟德工程监理有限公司

1. 单位简介

云南伟德工程监理有限公司（简称伟德公司）成立于2008年10月，是交通运输部公路工程施工监理甲级资质、住房与城乡建设部房屋建筑工程施工监理甲级资质的“双甲”监理单位，可在全国范围内从事一、二、三类公路工程、桥梁工程、隧道工程项目的监理业务，开展房屋建筑工程和市政公用工程的施工监理、项目管理、技术咨询等业务。

伟德公司通过了质量管理、职业健康安全管理、环境管理体系认证并取得了相应体系认证证书，是云南省建设监理协会会员单位、中国交通建设监理协会会员单位。

伟德公司自成立以来，共承监房屋建筑工程项目212项，累计建筑面积30632600平方米，累计监理服务费达3.5亿元；承监公路工程项目294项，各等级公路累计里程达5000千米，累计监理服务费达4.3亿元；承监市政公用工程项目169项，累计监理服务费达1.6亿元。此外，该公司还以联合体形式监理了昆明轨道交通工程及大量水利工程项目。

伟德公司现有各类专业技术人员372人，其中交通运输部认定的公路工程监理工程师及专业监理工程师68人，各省厅专业监理工程师76人，交通运输部试验检测工程师15人，甲、乙级造价师9人。住房与城乡建设部认定的国家注册监理工程师46人，注册一级建造师12人，注册造价师8人，持省级培训证人员73人，执业资格持证率83%。高级职称38人，中级职称102人，初级职称113人，初级以上职称占总人数的68%，大部分人员均有一类公路工程及高层楼房的施工监理经验。

2. 工程概况

伟德公司负责的是昌加改造工程项目施工监理二标段、负责施工第三标段、施工第四标段内路基、路面、桥涵、隧道、互通等设计图纸涵盖的全部工程的施工监理工作，以及在总投资内变更调整或增加的全部工程内容的监理，包括施工准备阶段、施工阶段、交工验收及缺陷责任期的施工监理和施工过程中施工安全的监理，项目的环境保护、水土保持的监理，以及参建各方军工档案的编制工作和配合业主竣工验收前结算有关工作，如对土建工程、相应预留预埋工程的施工质量、安全、进度等全面的监理服务。

3. 监理管理办法

（1）制定《监理计划》

为进一步提高公路建设管理水平，促进公路建设管理的科学化、规范化和程序化，确保公路建设项目工程质量和安全生产，打造精品工程，该公司结合项目特点及工程薄弱环节控制简要制定了《监理计划》，以便更好推进监理工作的开展。

（2）施工前准备工作控制

①监理人员严格复审图纸与报价单，发现问题及时以书面形式提出。严格审批施工测量放线，由监理工程师检查施工单位使用的测量仪器是否按规定进行了校准，审查其提交的施工测量放线数据、图表及放线成果是否予以批复。

监理工程师对从基准点引出的工程控制桩进行复测，对施工放线的重点桩位100% 复测，其他桩位不低于 30% 抽测。

②监理人员严格把好各环节材料质量关，杜绝假冒伪劣产品及不符合设计要求的材料进入现场。严格审批工程原材料与混合料，监理工程师审查施工单位申报的原材料、混合料试验资料，对原材料独立取样进行平行试验；对混合料在施工单位标准试验的基础上试验验证，必要时做标准试验，在合同规定的期限内予以批复。

③严把施工工艺质量关，特别是隐蔽工程和关键工序全过程旁站。

（3）施工阶段各项工程的质量控制重点

施工阶段包含路基工程、梁板施工、墩柱、台身、台帽、盖梁、通道、涵洞等。

监理员对试验工程、重要隐蔽工程和完工后无法检测其质量或返工会造成较大损失的工程进行旁站。旁站监理人员如实、准确、详细地做好旁站记录。旁站项目完工后，监理工程师组织检查验收，验收合格方能进行下道工序施工。

伟德公司严格执行质量验收标准，不满足要求的工程决不验收。对于中间交工验收的工程，监理工程师收到分项工程中间交工申请后，检查各道工序的施工自检记录、交接单及监理工程师签认的关键工序的交接单；检查分项工程的质量自检和质量等级评定资料；检查质量保证资料的完整性。由驻地办按规定对交工的分项工程进行质量等级评定并签发“中间交工证书”。

（4）加强安全监理的精细化管理

①严格施工企业安全生产许可证和“三类人员”（企业负责人、项目负责人、专职安全管理人员）管理，审查是否与投标文件一致，并全过程实施监控。项目经理、

安全员等施工管理人员坚持持证上岗。现场作业人员、新进民工或转岗民工等人员通过安全培训和岗前教育，方可上岗作业。

其中涉及的主要工作有：审查各类有关安全生产文件和施工方案及施工组织设计中的安全技术措施；审核施工单位的安全组织体系及按规定配备安全管理人员情况；审核进入施工现场各分包单位的安全资质和证明文件；审核新工艺、新技术、新材料、新结构的安全技术方案及安全措施；审核施工单位提交的关于工序交接检查，分部、分项工程安全检查报告和安全工作总结；审核并现场签署有关安全技术文件，监督和检查现场安全工作，对存在的问题下达“安全监理指令”。

②检查施工单位安全资质和特种作业人员操作证。审查操作证的时效性和人证相符性。要求吊装机械和打桩机械等操作人员严格遵守操作规程，不操作与操作证不相符的机械，不把机械设备交给无本机种操作证的人员操作。设专人指挥吊装作业，统一联络指挥信号，设置相应的警示标牌。

按照监理工作要求，作业人员严格遵守“高处作业”的规定，防止高空坠物和重物坠落伤人，确保作业安全。机操人员必须严格执行安全操作规程，配有个人防护用品，做到持证上岗，每天填写运转记录和例保记录。现场的大、中型机具设备和车辆有专人负责调动，经过培训的有证人员才能使用大、中型起重设备指挥作业。

③检查施工单位在施工过程中是否严格按安全操作规程施工。如遇到施工中出现安全异常，经提出后，施工单位未采取改进措施或改进措施不合乎要求；对已发生的工程事故未进行有效处理而继续作业；安全措施未经自检而擅自使用；擅自变更设计图纸而存在违章操作或存在施工安全隐患；使用没有合格证明的材料或擅自替换、变更工程材料；未经安全资质审查的分包单位的施工人员进入现场施工，安全监理可下达“暂时停工指令”。

（5）加强环保监理的精细化管理

①设专人负责环保监理工作。

②施工阶段的环保监理。检查施工单位的水环境保护措施、工程废料和建筑垃圾的处理情况以及检查废气环保措施。

③验收阶段督促、检查施工单位及时整理交（竣）工文件、资料，提出监理意见，提交环境监理报告。

④建立环保工作情况信息报告制度。

# 六、检测单位情况介绍

## （一）单位简介

广东交科检测有限公司（简称广东交科），是广东华路交通科技有限公司全资下属子公司。2002年广东省交通科研所和广东省高速公路中心实验室、广东省航运科研所合并组建华路公司后，成立广东交通集团检测中心，结合企业发展需求，于2017年4月注册成立子公司，更名为“广东交科检测有限公司”，实行独立法人运作。

公司现有员工660余人(其中，技术和管理人员500余人，工勤人员160人)。其中教授级高级技术职称5人，高级技术职称128人，中级技术职称168人。员工大部分毕业于公路交通系统主流院校，其中博士10人，硕士82人。所有检测人员均经专业培训，持证上岗。

公司拥有价值9000多万元的装备,其中材料试验设备：GTM旋转剪切压实仪、MTS材料试验机、SHRP沥青试验设备、车辙试验仪、锚具静载试验系统、全自动橡胶支座试验系统（2000吨）。现场检测设备：桥梁检测车、多功能道路检测车、缆索智能检测机器人、无损探伤技术相控阵、管养宝、远程观测系统、三维激光扫描仪。SCRIM横向力测试车、FWD弯沉测试车、路面探地雷达、桩基静载试验系统、PIT桩基检测仪、自动超声波检测仪、TCA2003测量机器人等。

图4-6-1 广东交科检测有限公司

## （二）相关资质

交通行业公路工程综合甲级资质（交通运输部工程质量监督总局颁发）。

交通行业桥梁隧道工程专项资质（交通运输部工程质量监督总局颁发）。

交通行业交通工程专项资质（交通运输部工程质量监督总局颁发）。

交通行业水运工程材料甲级资质（交通运输部工程质量监督总局颁发）。

交通行业水运工程结构甲级资质（交通运输部工程质量监督总局颁发）。

“CMA”计量认证资质（广东省质量技术监督局颁发）。

建设工程质量机构检测资质（见证取样检测、地基基础工程检测、市政路桥工程检测）（中华人民共和国建设部颁发）。

CNAS实验室认可资质，检验机构认可资质（中国合格评定国家认可委员会颁发）。

## （三）相关业绩

港珠澳大桥主体工程中心试验室；虎门二桥项目桥梁荷载试验检测；深圳至中山跨江通道项目结构健康监测系统设计与实施服务；国道318线林芝至拉萨公路新改建工程一期桩基及交竣工检测；广州从化至清远连州高速公路交工验收检测；广东省交通集团有限公司运营高速公路定期检测（2016—2022）；汕（头）湛（江）高速公路云浮至湛江段及支线工程桩基检测。

## （四）科技创新

广东交科凭借人才、研发基地与装备、相关研发平台等综合优势，强化科技创新、科技成果推广应用，加大力度培养人才，为行业提供更好、更到位的服务，逐步形成在华南地区乃至全国具有领先的科研优势和特色。先后开展了“滑模摊铺路面混凝土的配比优化及施工技术”“山岭重丘区高速公路水泥混凝土路面设计施工成套技术研究”“水泥路面养护、维修关键技术研究”“沥青路面养护、维修关键技术研究”“大跨径钢桥面铺装关键技术研究”“低噪声耐磨耗微表处路面的设计方法和施工技术研究”“基于GTM的重载交通沥青混合料设计与施工技术研究”“5U北美岩沥青改性沥青混合料应用技术研究”“广东省刚柔复合路面结构关键技术研究”“基于碾压混凝土基层的耐久性沥青路面设计及应用研究”等数十项课题的研究，多项课题的研究成果荣获国家或省部级奖项。

依托课题开发的多项技术在广东省高速公路上进行推广应用，其中碾压混凝土基层沥青路面在广东高速公路上推广应用了300多千米，使用性能优良，取得了显著的经济与社会效益。依托课题的研究成果先后编制了地方标准或企业标准十多部，出版了《沥青混合料设计及质量控制原理》《高速公路沥青路面新式碾压混凝土基层设计施工技术》专著两部。

广东交科抓住高速公路建设机遇，不断调整和优化业务格局，加快推进行业研发中心、集团养护数据中心、计量站三大重点项目建设。成功申报交通运输部“公路交通安全与应急保障技术及装备行业研发中心”并得到认定，“集团高速公路养护数据中心”项目自2013年1月25日获集团立项批复后，目前已完成了软件平台、路面管理子系统基本功能、桥涵管理子系统基本功能的开发与软件系统的集成等一期一阶段相关工作，实现上线试运行。

## （五）昌加项目工程

广东交科是昌加改造工程项目第三方检测单位，主要承接昌加工程项目全线的桩基检测、隧道监控和交工验收检测工作。

1. 制定检测大纲和检测方案

设计图纸是质量控制的管理准则和依据。试验检测工程师在检测前熟悉图纸，明确图纸中的设计参数及数量。针对设计中的参数，根据试验规范的要求，提前配备相应规格的仪器设备。根据合同及规范的要求，选定满足的检测频率，并制定检测大纲和相应的试验检测方案，以便检测工作能顺利开展。

2. 建立质量保证体系

广东交科项目组有充足的技术力量和完善的后勤装配为该项目试验检测工作提供优质和贴切的服务。根据该项目的检测内容和测试工作量情况，为保证项目试验检测的质量，广东交科制定了如下质量保证措施：

（1）建立三级质量保证组织。广东交科成立技术委员会，现场成立昌加检测工作项目组，建立逐级向上的质量保证机制，并由项目负责人担任该项目的质量监督员，直接对公司工作质量负责。

（2）在该项目的检测工作开始之前，由项目负责人组织对全体现场工作人员进行安全技术培训及交底。安全技术培训及交底内容包括测试合同、相关技术规范中关于试验检测的规定。要求该项目的所有人员都必须明确合同要求、熟悉试验检测的各项规定；并在现场检测、数据分析及报告编制过程中，严格执行相关规定和要求。

进行质量意识教育，强化“安全至上，质量第一”的思想。

(3) 每次进场检测前，都必须执行熟悉图纸等资料明确设计要求；进场试验检测设备应按规定进行周期检定和运行检查，保证试验检测设备的准确性。

(4) 数据处理和报告编制时，必须将所有现场试验检测资料进行逐级审核，强化资料审核制度。

现场试验检测得到的一手资料，需经专项测试负责人审核，审核合格后才能递交数据分析处理和报告编制。

报告编制完成后需经项目负责人审核，不符合要求的报告应发回重新编制。

各级审核过程中发现异常情况，应及时调阅有关资料（包括设计图纸、地质资料、施工记录等）并召集有关人员分析原因，采取措施。

审核合格在报告上加盖单位成果专用章后才能发送有关单位。

3. 施工前准备工作控制

该项目进场后将所需检测项目内容、检测频率等注意事项对施工单位进行技术交底（比如类似项目存在问题）。

4. 检测过程中质量控制

现场测试过程必须保证严格执行试验、检测规程，发现异常情况，及时与项目负责人联系，会商处理办法。

建立有效的沟通渠道，加强与指挥部、监理单位和施工单位的联系。在项目实施过程中，处理好各方面的关系，及时解决试验检测中遇到的各种问题。

5. 及时提交检测报告

在完成外业检测后将所有检测初步结果及问题汇总提交至指挥部。按照试验检测合同和招标文件规定的时间将正式报告送交至有关单位。

图 4-6-2　昌加交工检测荷载试验

# 第五篇　建设篇

# 概　述

质量是企业的生命，安全是生产的保障。在昌加改造工程项目中，这句话同样适用，质量和安全犹如两个抓手，被各个参建单位在工程建设中牢记于心，严格落实。

该项目尽管地势险要、气候多样、人文环境复杂，但各个参建单位攻坚克难，携手与共，以质量为基石，以安全为根本，根据各自施工任务，在工程建设中严格实施精细化管理，标准化施工，从而保质保量如期完成了建设任务，以实际行动践行了“以人为中心”的建设理念与使命，为打造品质优良的工程建功立业。

# 一、土建一标

## （一）参建单位简介

中铁十五局集团有限公司，是中国铁建旗下集设计、施工、科研为一体的国有建筑工程总承包企业，也是上海市首家拥有铁路工程施工总承包特级、公路工程施工总承包特级、市政公用工程施工总承包特级、建筑工程施工总承包特级的四特级企业。同时具有铁道、市政、建筑工程、水利水电以及桥梁工程、隧道工程、公路路面、公路路基、铁路铺轨架梁、城市轨道交通等多领域设计及承包资质，具有开展国外经济合作业务的资格。

该公司下设 15 个全资子公司，另设有 1 个分公司轨道交通运营公司，设有 7 大区域总部，1 个海外事业总部。公司现为“全国优秀施工企业”“国家级技术中心”“全国质量效益型先进企业”“全国守合同重信用企业”“全国精神文明建设工作先进单位”“中央企业先进集体”“上海市高新技术企业”“上海市文化创新十佳品牌”“上海市文明单位”。

近年来，该公司还先后荣获“全国科技进步特等奖”“全国施工企业现代化管理创新成果一等奖”“全国五一劳动奖状”，被中华全国总工会评为“模范职工之家”、全国首批“安康杯”竞赛示范企业、“河南省高新技术企业”。先后完成科技开发项目 319 项，获国家级工法 10 项，省部级工法 75 项，国家级科技进步奖 3 项，省部级科技进步奖 130 余项，授权专利 312 项。自成立以来，该公司创造中国企业新纪录 7 项，获得中国建筑工程鲁班奖 10 项，中国土木工程詹天佑奖 8 项，连续 19 年荣获全国“安康杯”竞赛优胜奖。

## （二）标段概况

该公司承建项目为昌加改造工程项目一标段，起止桩号：主线 K1+190 ～ K7+230，线路全长 6.125 千米；支线 LK0+000 ～ LK1+268.407，线路全长 1.267 千米。工程总造价为 9.004 亿元，合同工期为 24 个月。

图 5-1-1　一标施工现场图

该标段内的主要工程有：特大桥 4515.7 米 /3 座，大桥 253.3 米 /1 座；涵洞 6 道，通道 1 道；挖方 15.79 万立方米，填方 12.54 万立方米；浆砌工程 1.6 万立方米；混凝土防护工程 9.43 万立方米；路面底基层 3.96 万平方米、水稳基层 3.68 万平方米、沥青上面层 14.6 万平方米、中面层 14.6 万平方米、下面层 2.64 万平方米。

## （三）标段特点

1. 地理位置重要　事关城市形象

中铁十五局集团承建的第一标段位于昌都市卡若区境内。工段地处市区，线路全长 6.125 千米，紧邻国道 214 线，是两条进藏公路的必经之路之一，建成后不仅能缓解从市区到经开区的交通堵塞问题，给昌都市人民出行带来方便，提升城区居民出行满意度，还事关昌都市形象建设，对塑造美丽宜居的城市品牌意义重大。

2. 自然环境恶劣 施工环境复杂

该标段三次横跨澜沧江，施工环境非常复杂，自然环境较恶劣，现场施工协调难度大，要对沿线水环境、野生环境等自然生态做好保护，保持生态平衡。每年 4 月至 10 月较容易出现雷暴天气，该标段正处于水量相对较丰富的第四系冲洪积物的分布区，还要特别注意防雷避险工作、地下水冲击对桥梁建设施工的影响。

图 5-1-2 一标施工现场（1）

图 5-1-3 一标施工现场（2）

## （四）施工管理

1. 质量管理

（1）质量保证体系

该标段按照质量目标的要求编制质量计划，以“横向到边，纵向到底，管理全面，控制有效”为原则，建立健全了质量保证体系，实施全面质量管理。

质量管理组织机构见下图：

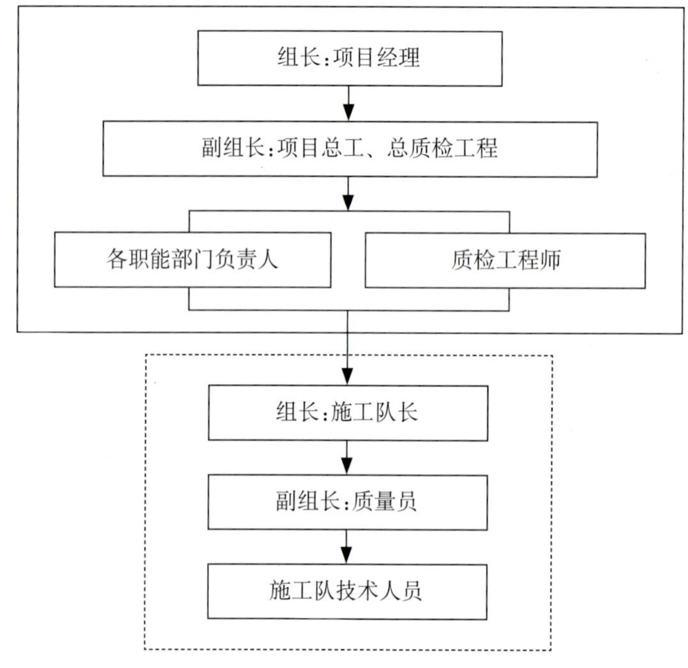


图 5-1-4　质量管理组织机构图

（2）质量保障措施

①建立开工前的技术交底制度。

各项工程开工前，首先由项目经理部总工程师向项目经理部所属各施工队进行技术交底，详细阐明该项工程的设计要求、技术标准、定位方法、几何尺寸、功能作用及与其他工程的关系、施工方法和注意事项等，使全体人员在彻底了解施工对象的情况下施工。

②实行工程首件认可制。

为确保工程施工的内在质量和外在质量，该项目严格实行首件工程认可制度。通过对首件工程的各项质量指标进行综合评价，指导后续工程批量生产，及时预防和纠

图 5-1-5　一标施工现场（3）

正后续批量生产可能产生的各种质量问题。

凡未经首件认可的分项工程，一律不得批量生产。首件工程认可制度贯彻“以工序保分项，以分项保分部，以分部保单位，以单位保总体”的质量创优保障原则，着眼抓各分项工程的首件工程质量，确保所有分项工程质量得到保障。

③建立质量管理会议制度。

项目经理部每周召开质量安全会议，针对工程存在的质量和安全等问题进行分析，并制定整改方案和整改完成时间。对于每次到场人员进行会议签到，作为质量控制档案保存。

④严格质量事故处理制度。

在施工中，如发现一般质量事故或重大质量事故，除按正常程序上报外，施工单位还要积极参加有关部门组织的分析、调查、取证、检测和处理工作。根据质量事故的等级由相应部门处理。

⑤施工阶段质量控制。

通过质量验收签证制度，该标段要求配备一名主管质量员，负责各工区质量工作，管理日常质量验收工作，保证每道工序验收后及时填写工序质量评定表。对忽视

图 5-1-6　一标现场施工组图

质量、不按操作规程或施工方案所引起的可能对工程造成不良影响的施工活动，质量负责人有权责令其停工或返工。

施工过程中，如发生实际情况与设计不符的，或施工人员提出合理化建议的，或材料代用等变更设计时，以项目部统一的工程洽商记录提出，未经监理单位和设计单位签证的工程变更均属无效，完成项目以不合格品进行处理。

2. 安全管理

（1）安全生产管理目标

该标段的安全生产目标：确保施工现场安全管理规范，劳动保护用品佩戴齐全，降低职业危害，杜绝职业病发生，杜绝责任安全事故，控制和减少一般责任事故。

（2）安全生产保证体系

根据国家有关的法律、法规规定，该标段建立了安全生产保证体系，从安全组织机构、安全责任制度、安全技术交底及培训、安全检查、安全防护设施投入、安全评比与奖惩等方面，建立了“横向到边，纵向到底”的安全保证体系，明确每个人、每个岗位的安全责任、工作标准和评比奖惩办法，并落实到实际工作中去，保证施工生产的安全有序。

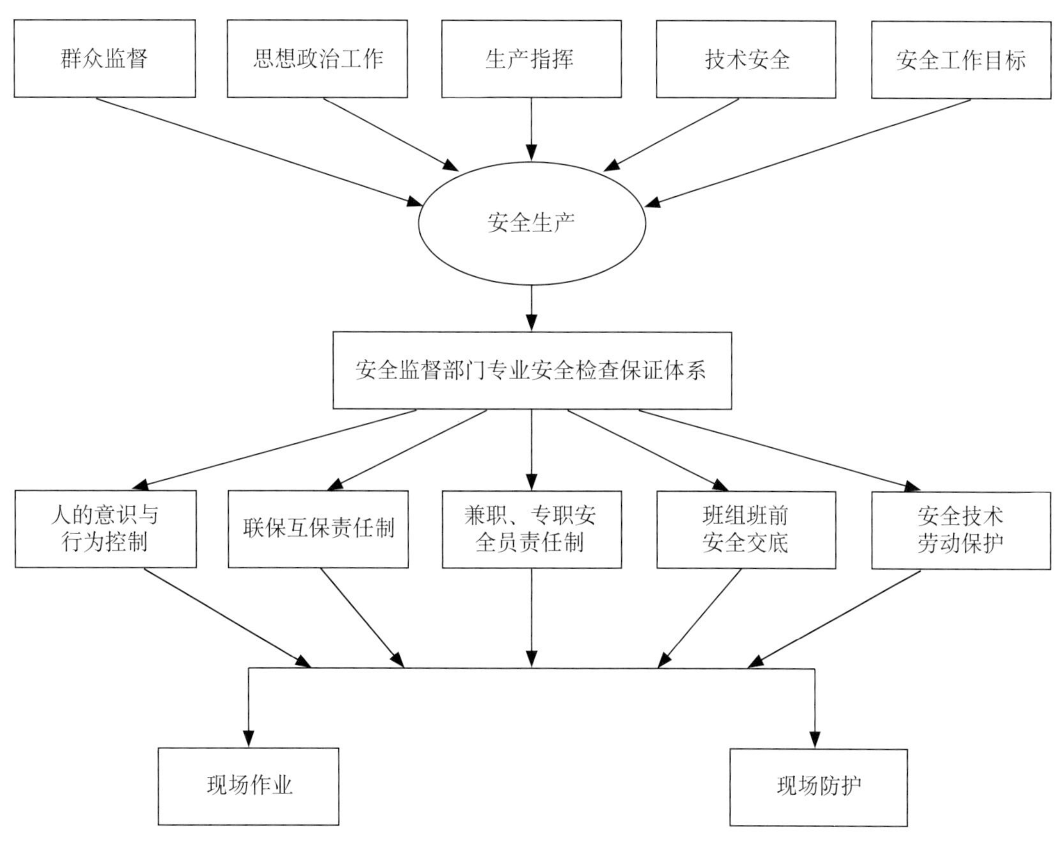


图 5-1-7 安全检查、控制程序图

（3）安全生产管理办法

①该标段实行安全生产三级管理，即一级管理由经理和安全检察长负责，二级管理由现场负责人和专职安全员负责，三级管理由班组长负责，作业点设安全监督岗。

②完善各项安全生产管理制度，针对各工序及各工种的特点制定相应的安全管理制度，并由各级安全组织检查落实。

③建立安全生产责任制，落实各级管理人员和操作人员的安全职责，做到纵向到

底，横向到边，各自做好本岗位的安全工作。

④项目开工前，由项目经理部编制实施性安全技术措施，编制专项安全技术措施，经领导小组同意后实施。

⑤严格执行逐级安全技术交底制度，施工前由项目经理部组织有关人员进行详细的安全交底。施工队对施工班组及具体操作人员进行安全技术交底。各级专职安全员对安全措施的执行情况进行检查、督促并做好记录。

⑥加强施工现场安全教育：

第一，针对工程特点，定期进行安全生产教育，重点对专职安全员、安全监督岗人员、班组长及从事特种作业的起重工、电工、焊接工、机械工、机动车辆驾驶员进行培训和考核，学习安全生产必备的基本知识和技能，提高安全意识。

第二，未经安全教育的管理人员及施工人员不准上岗。未进行三级教育的新工人不准上岗。变换工种或参加采用新工艺、新工法、新设备及技术难度较大的工序的工人必须经过技术培训，并经考试合格者才准上岗。

第三，特殊工种的安全教育和考核，严格按照《特种作业人员安全技术考核管理规则》执行。经过培训考核，获取操作证方能上岗。对已取得上岗证者，登记存档规范管理。按期复审上岗证，并设专人管理。

第四，通过安全教育，增强职工安全意识，树立“安全第一，预防为主”的思想，提高职工遵守施工安全纪律的自觉性，认真执行安全操作规程，做到不违章指挥、不违章操作、不伤害自己、不伤害他人、不被他人伤害，确保自身和他人安全，提高职工整体安全防护意识和自我防护能力。

第五，认真严格执行安全检查制度，经理部负责保障检查制度的落实，按规定定期检查，实行对安检人员每 7 日检查一次，作业班组实行每班班前、班中、班后三检制，不定期检查。

3. 文明施工及环境保护管理

（1）文明施工保证体系

该标段建立健全了文明施工管理组织机构，施工现场成立以项目经理为组长，生产、技术、质量、安全、消防、材料、保卫及卫生管理人员为成员的文明施工管理机构。

施工现场各项管理制度、操作规程、工作标准、现场施工管理细则布告等用挂板张贴在墙上公布，标示清楚，加强施工现场标准化安全文明工地的建设。

（2）施工环保和水土保持体系

①建立环境保护及水土保持管理制度。

根据该标段工程施工对环保方面的要求，该标段为确保环保管理目标的实现，制定了以下环保管理制度：

第一，检查、报告制度。

在安全检查的同时进行环保大检查和日常巡查，做好记录和跟踪验证工作，对工程施工过程中存在的重大环保治理问题，以书面的形式向上级主管部门汇报。

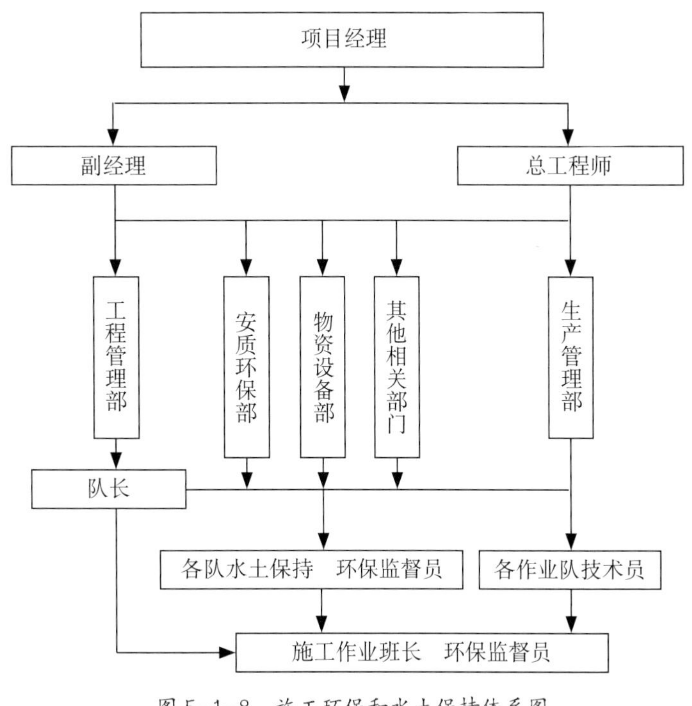


图 5-1-8　施工环保和水土保持体系图

第二，例会制度。

该标段项目部每月召开一次环保月例会，对上一月环保管理情况进行总结点评，提出存在的问题及整改要求，对本月的环保重点治理工作做出安排。

②实施环境保护及水土保持措施。

第一，加强对职工进行环保、水保教育。

组织职工学习并严格遵守国家及地方颁布的各项环境保护及水土保持法律、法规及规章制度，加强对职工的环保、水保教育，提高职工的环保、水保意识，做好施工区环境保护和水土保持工作。

第二，制定并实施各项环境保护、水土保持措施。

综合考虑该标段的环境因素，重点加强对下列内容的控制，包括营地生活供水和生活污水处理；施工生产废水（泥浆池、基坑废水、施工废水、机修含油废水等）处理；施工区粉尘、废气的削减；施工区噪声控制；固体废弃物处理；人群健康保护；渣场挡护工程、坡面保护、排水工程；路基施工区、桥涵施工区、混凝土拌和站、预制梁场及生活营地等场地的周边截、排水措施；发包人提供该标段或其他标段使用及该标段自建公路边坡和该标段所有施工区边坡的水土流失保护；完工后的场地清理规划。

图 5-1-9 施工现场边坡图

第三，加强对施工周围林区的保护，保持当地生态环境。

加强对施工人员的宣传教育和管理，严禁超越征地范围毁坏森林植被和花草树木，施工活动之外场地必须维持原状；如所在施工区内有古木和稀有树种，按监理人员要求进行移植处理。严禁在林区焚烧垃圾或点明火，防止森林火灾。严禁猎杀陆生野生动物及下河炸、电、捕鱼，特别是国家和地方珍稀、濒危保护动植物和鱼类。严禁在林区乱倒施工弃渣及垃圾。在工程完工后的有关规定时间内，拆除施工临时设施，消除施工区、生活区和附近地区的施工废弃物，并按照监理人员批准的设计进行植被恢复或绿化。

③施工环境和水土保持检查的监控措施。

该标段项目部目标管理领导小组按批准的年度目标对有关责任部门（人）进行月度目标考核，考核结果作为年度岗位任职考核的重要依据之一。目标完成率未达到60%的，相关责任人的月度岗位任职考核为不称职；目标完成率达到95%以上的，相关责任人的月度岗位任职考核为优秀。

## （五）工程亮点

1. 严把质量关 推进精细管理

（1）全面推进标准化建设和精细化管理

拌和站料仓采用“钢结构+彩钢瓦”封闭，由项目部专人进行24小时精细管理，并常驻物资部及试验室人员，对数量及质量进行控制。钢筋加工场也采用“钢结构+彩钢瓦”封闭，内设行吊用于材料周转，并设现场调度及技术员进行双控，保证施工所需的尺寸及产量的达标。

（2）严把“安全、质量、进度”关，打造优质项目

该项目地处高原，温差大、气温低、冬期施工时间长。为了保证质量，项目部组织技术人员编写了有针对性的冬期施工方案，在2018年冬期对所有混凝土制品采取

图 5-1-10 施工现场边坡保护图

了棉被覆盖保温、通蒸汽升温养护等一系列措施，确保冬期浇筑的 T 梁、墩柱质量达到优良的等级要求。项目部提出“安全就是效益”的理念，把安全放到重中之重，并把全线分为三个施工段落，每个段落责任到人，派驻现场专职安全员，发现安全隐患问题及时整改到位。根据项目的特点及气候条件，项目部还制定了详细的工期计划，确保在冬季来临之前完成路面工程。

2. 探索新工艺，助推施工创新发展

在施工工艺方面，该标段项目部不断探索新工艺、新方法，并应用在施工中。他们经过多年的经验积累、总结，形成了一套技术成熟、可操作性好的适应高寒地区、低温等复杂环境下能高效、优质完成混凝土浇筑的施工方法，如覆盖保温、蒸汽养护的工艺工法；在桥梁横隔板、湿接缝施工中，全部采用 PVC 塑料材质模板，成型后不仅外观漂亮，而且质量优良。

采用型钢式的钢结构钢筋棚，可拆卸重复利用，此钢筋棚在昌加项目是第三次重复利用，可节约成本，增加利润。两个梁场 16 个龙门吊用电均采用单极铜滑触线，可经受多种环境条件考验，且绝缘性能良好，对检修人员触及输电导管外部无任何伤害，输电导轨导电性能极好，散热较快，线路损失小，结构简单，电流密度高，电阻率低，可节电 6% 左右，且无需补偿线。

图 5-1-11　野堆 2 号特大桥薄壁墩承台施工现场

3. 聚揽优秀人才 打造优质品牌

在项目建设过程中，该标段在安全、质量、环保等方面的工作可控，其他方面工作进展良好，并取得了较好的成绩。西藏自治区交通运输厅领导多次来工地检查指导，并对该标段项目部的各项工作给予了充分肯定。其他相邻标段兄弟单位纷纷来工地参观学习桩基施工工艺、梁板预制、桥梁防撞护栏施工等技术。在业主全线评比中，2018 年 6 月该标段项目部综合评比荣获第一名，2018 年上半年综合考评第一名，2018 年全线劳动技能竞赛荣获第一名，2019 年 4 月的岗位技能比武中也获得了优异的成绩，并代表昌加项目参加了西藏交投组织的岗位技能比武。

以上成绩的获得离不开优秀的项目文化和团队建设，这是项目核心竞争力的重要组成部分，对内可以增强凝聚力，对外可以树立良好形象。

此外，该标段项目部还注重员工全面发展，针对团队年轻化、施工经验不足的情况，由项目部领导、技术骨干定期授课，集中组织技术、管理人员学习，要求各位员工认真做好笔记并定期考核。认真执行导师带徒制度，2018 年项目共签订师带徒协议 23 份，学徒比例占项目职工的 35%。通过内部考核、外部培训，以及派任务、压担子等锻炼，年轻入职员工成长较快，涌现出不少优秀学徒，给项目各个关键岗位补充了新鲜血液。

# 二、土建二标

## （一）参建单位简介

中铁十七局集团有限公司，是中国铁建股份有限公司旗下核心成员单位，公司下设 22 个成员单位、15 个区域指挥部（事业部），具备各类企业资质 185 项，拥有承包境外工程、设备物资进出口和对外派遣劳务等涉外经营权，企业注册资本金 302122.64 万元，年施工能力达 500 亿元以上。

该公司经营覆盖全国、辐射海外，先后承建了 400 多条铁路、500 多条高速公路、50 多条城市轨道交通和一大批市政、房建、水利、机场和“四电”等重点工程项目。同时，该公司积极践行国家“一带一路”倡议，先后在马来西亚、印度尼西亚、巴基斯坦、老挝、孟加拉国等多个沿线国家开展互联互通、产能合作、工业园区等基础设施建设，成为落实央企“走出去”战略的实践者和先锋队。

该公司先后荣获“中国建设工程鲁班奖”15 项、“国家优质工程奖”32 项、省（部）优质工程 159 项；获国家科技进步特等奖 2 项、二等奖 3 项、詹天佑土木工程大奖 10 项、省部级及以上科技进步奖 80 项；拥有专利 703 项，工法 599 项，主（参）编行业技术标准 27 项，并通过了 ISO 9001 质量体系、ISO 14001 环境管理体系和 GB/T28001 职业健康安全体系认证。多次荣获“全国工程建设质量管理优秀企业”“全国守合同重信用企业”“全国优秀施工企业”“全国建筑业先进企业”“全国精神文明建设工作先进单位”“全国最具社会责任感优秀企业”“全国模范劳动关系和谐企业”“中国优秀诚信企业”“全国文明单位”等荣誉称号，并被授予“全国五一劳动奖状”。

图 5-2-1 昌邦二标项目召开 2019 年“大干 120 天”动员会

## （二）标段概况

该公司承建的标段为昌加改造工程项目施工第二标段，路线起于昌都镇啤酒厂水源地附近，顺接昌都过境路终点，沿澜沧江两侧展线，依次经过波妥村、卡若镇、昌都市加卡经济开发区，终点在梯贡附近。

标段全长 6.17 千米，起止里程为 K7+230—K13+400, 主要工程有新建桥梁 9515.14 米 /6 座（单线），占线路总长度的 88.8%，其中特大桥 ( 单线 )3570.24 米 /1 座，大桥 ( 单线 )5828.9 米 /4 座；互通一处 ( 单线 )116 米，其中含新建盖板涵 120.75 米 /6 道，圆管涵 20 米 /2 道。路基土石方工程（含路基挖方、路基填筑等）31.023 万立方米；水泥稳定碎石基层 5.56 万平方米，级配碎石底基层 5.862 万平方米，中粒式沥青混凝土 15.692 万平方米，粗粒式沥青混凝土 3.631 万平方米。

该标段投资总额约为 8.75 亿元，主线按全封闭、全立交的一级公路标准进行设计。设计速度 80 千米 / 小时，路基宽度 24.5 米，全线采用沥青混凝土路面，桥涵设计汽车荷载等级为公路 –I 级，特大桥设计洪水频率 1/300, 其余桥涵和路基设计洪水频率 1/100。

## （三）标段特点、重难点

1. 地域特色明显，施工受制约

该标段地处青藏高原高海拔地区，气候寒冷、冬季漫长，气压低、含氧量少、缺氧严重，有效施工时间较短。恶劣的地理环境与气候条件对人员与机械的施工效率有较大影响，与平原施工环境相比，该区域施工作业功效低，需要投入更多的机械设备，给施工带来较大难度。

项目位于高原地区，生态环境脆弱，遭破坏后不易恢复，标段对现有人文风俗及环境的保护和水土保持工作要求较高。

2. 桥梁工程多，施工难度大

该标段起点距离昌都市中心较近，区域内仅一条国道 214 线承担昌都市对外交通联系，对原材料运输时效影响较大。由于标段内桥梁工程规模较大，工期较紧，桥梁共 5 次跨越澜沧江，需新建便桥，搭设水中作业平台，加上澜沧江季节性水位变化大，水中墩施工难度大。

此外，该标段紧邻国道 214，地势狭隘，路基占比低，存梁数量少，对梁板预制

图 5-2-2　中国铁建工会慰问昌加改造工程项目部

影响很大。而又对路基工程施工填筑质量要求高，冬季严寒无法施工，有效的施工时间又恰好在雨季，复杂多变的气候条件给路基施工带来了一定难度。

3. 高寒缺氧

昌加公路海拔大多在 3700 米以上，项目人员初到高原，多出现缺氧和高原反应。在高原施工，必须准备氧气瓶或者氧气袋。项目大部分人初次进入海拔 3000 米的高原后会出现头疼、行走困难、呕吐、胸闷等高原反应症状，严重时甚至会有生命危险。

图 5-2-3　蒙普特大桥施工现场组图（1）

4. 水患频发

该项目所有桥梁都位于国道214河对面，2018年2月项目进场，4月修通过江便桥，桥梁桩基开始大规模施工，5月16日便桥被洪水冲毁。2018年6月13日，洪水突发，新增设备以及修好的桩基全部冲毁，两次洪水直接经济损失超过3000万元。2019年4月13日，昌都遭遇桃花汛，标段内蒙普1号大桥、蒙普2号大桥跨江处下部结构受洪水影响无法施工。项目部投入两座塔吊进行高风险作业，才得以完成跨江结构物施工。

图5-2-4　蒙普特大桥施工现场组图（2）

图 5-2-5 蒙普特大桥施工现场组图（3）

5. 梁场建设受限

由于该标段地势狭窄、路基短，梁场建设规模受到极大影响，严重影响存梁数量。项目技术部门根据现场实际情况运用网络计划实施动态管理，及时调整劳动力、机械设备、材料配置，科学组织施工，减少梁场因梁板无法架设出现窝工现象，最终保证了 1380 片全部预制及按时安装完毕。

## （四）施工管理

1. 质量管理

（1）质量目标

质量目标为交工验收的工程质量评定等级达到合格标准，竣工验收工程质量鉴定等级达到合格标准。

（2）质量保证体系

根据该公司《质量 / 职业健康安全 / 环境一体化体系管理手册和程序文件》及项目工程的特点，该标段编制了项目质量计划，全面推行 ISO 9001 质量管理模式，建立质量保证体系，确保质量目标的实现。

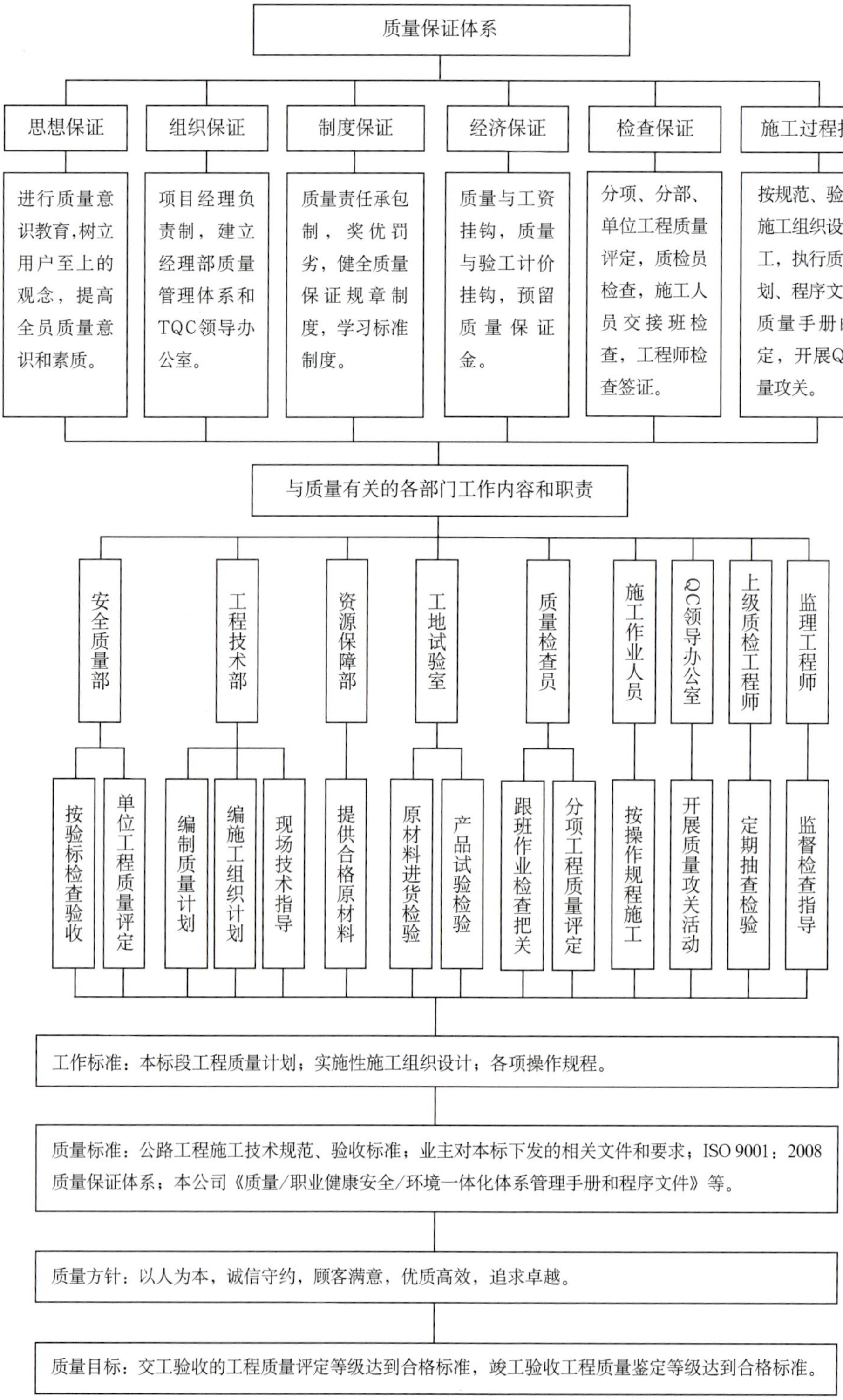

质量保证体系

思想保证：进行质量意识教育，树立用户至上的观念，提高全员质量意识和素质。

组织保证：项目经理负责制，建立经理部质量管理体系和TQC领导办公室。

制度保证：质量责任承包制，奖优罚劣，健全质量保证规章制度，学习标准制度。

经济保证：质量与工资挂钩，质量与验工计价挂钩，预留质量保证金。

检查保证：分项、分部、单位工程质量评定，质检员检查，施工人员交接班检查，工程师检查签证。

施工过程控制：按规范、验标和施工组织设计施工，执行质量计划、程序文件、质量手册的规定，开展QC质量攻关。

与质量有关的各部门工作内容和职责

安全质量部：按验标检查验收；单位工程质量评定

工程技术部：编制质量计划；编施工组织计划；现场技术指导

资源保障部：提供合格原材料

工地试验室：原材料进货检验；产品试验检验

质量检查员：跟班作业检查把关；分项工程质量评定

施工作业人员：按操作规程施工

QC领导办公室：开展质量攻关活动

上级质检工程师：定期抽查检验

监理工程师：监督检查指导

工作标准：本标段工程质量计划；实施性施工组织设计；各项操作规程。

质量标准：公路工程施工技术规范、验收标准；业主对本标下发的相关文件和要求；ISO 9001：2008质量保证体系；本公司《质量/职业健康安全/环境一体化体系管理手册和程序文件》等。

质量方针：以人为本，诚信守约，顾客满意，优质高效，追求卓越。

质量目标：交工验收的工程质量评定等级达到合格标准，竣工验收工程质量鉴定等级达到合格标准。

图 5-2-6　质量保证体系框架图

① 组建高素质施工队伍。

该公司选拔施工经验丰富且具有高中级职称、质量意识强的干部为项目经理、技术负责人等项目主管，对该标段工程质量负终身责任。选拔一批具有较高技术水平和施工经验的高级工程技术人员，担任该标段的各分项工程技术负责人，建立岗位责任制以及工程技术管理体系。抽调业务精湛、技术过硬，有类似工程施工经验的技术工人，组建各专业队，从事关键工序施工，同时加强教育，以确保施工质量。

② 成立现场技术专家组。

在施工过程中，该标段组织和聘请技术专家成立现场技术专家组，负责审定施工方案，指导施工中遇到的技术难题。

③ 组建质量管理组织机构。

标段还积极建立健全质量管理组织机构，成立了以项目经理为首的质量管理领导小组，对施工全过程进行质量检查。自上而下按照项目部、施工队、班组三个检测等级分别实施检测工作，内部实行自检、互检、交接检的“三检制度”，内容主要包括“质量”“试验、检测”两部分。

④ 质量“自检”体系。

第一，配备质量控制人员。

项目经理部设立了由质检工程师组成的质量检察小组，负责该标段内所有的质检工作。每个工程队设专职质量工程师和专职质量检验员，各工班设兼职质量检验员，负责所担负工程的质检工作。所有质检工作人员均接受业主和上级质检部门的监督和检查。

第二，设立“自检”体系。

自检体系由项目部、施工队、班组三级组成，项目部为自检的核心部分。安全质量部为实施部门，试验室配合，施工队设专职质检员，现场设试验员，按照“跟踪检查”“复检”“抽检”三个检测方法实施检测，实行质量一票否决制。

⑤ 工地试验检测控制体系。

第一，配置试验检测、测量人员。

工地试验室和测量队负责该标段项目工程的试验检测和测量工作。试验室和测量队配备齐全的仪器，选派充足的持证上岗的试验工程师、测量工程师，对工程施工进行全过程检验、试验和控制测量。试验室经业主、监理及质量监督部门验收合格后启用。

同时，在各施工队设立试验班组和测量班组，配备试验员和测量员，负责各队的日常试验和测量工作。

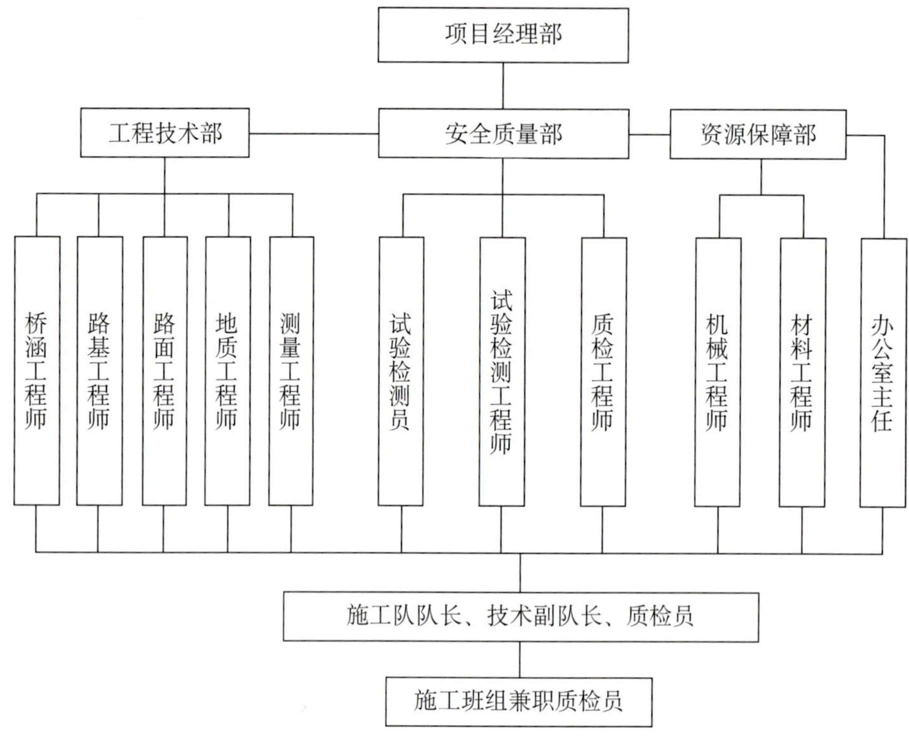


图 5-2-7　质量管理组织机构图

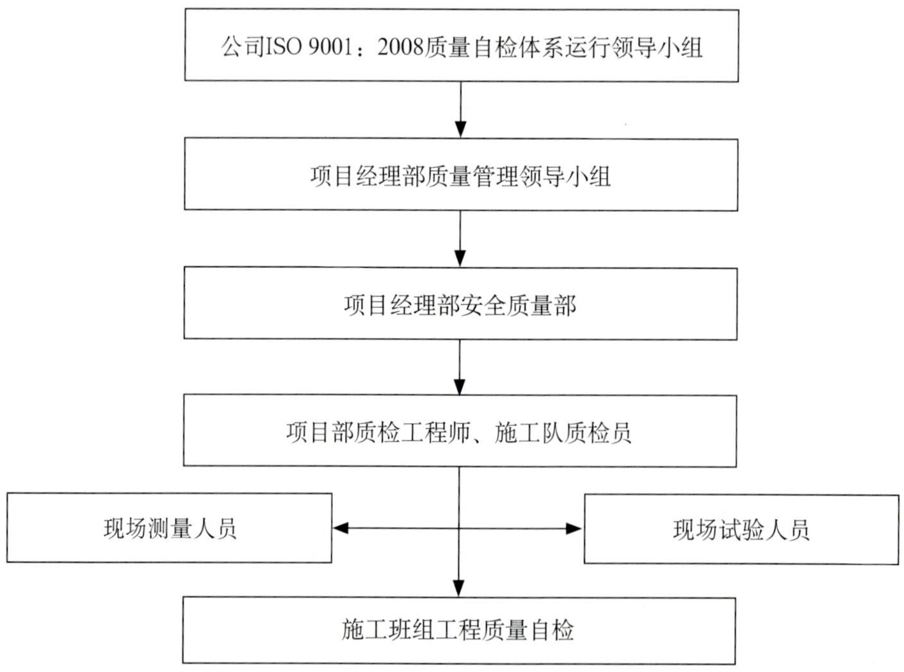


图 5-2-8　质量自检体系框架图

第二，原材料试验管理。

对施工所用原材料，由物资供应人员、试验人员和监理人员共同取样，一式两份，一份送试验室进行试验，一份送监理试验室进行检验。试验室及时把试验结果书面通知送样单位和质检工程师，作为施工依据。

第三，施工测量管理。

项目测量队负责导线、水准点复核，向监理上报复核成果。对该标段线路中线控制点进行放样交底，对主要结构物进行控制测量。施工队测量班对其负责的工程进行详细放样测设，并由项目测量队对其主要控制测量部位进行复核。

⑥健全质量管理制度。

制度落实是保证工程质量的主要途径，为了完善制度，狠抓落实，该项目贯彻执行以下制度：

a. 质量责任制度，具体包括以下五项：工程测量双检复核制度；质量评定奖罚制度；质量定期检查制度；工程质量监督管理制度；工程质量事故逐级报告制度。

b. 工程质量检查制度，具体包括以下五项：隐蔽工程检查制度；工程队质量“三检”制度；开竣工检查制度；定期工程质量检查制度；不定期质量检查制度。

⑦全过程质量控制。

在施工过程中，该标段项目部按 ISO 9000 系列进行质量管理，把质量管理纳入标准化、规范化，做到施工过程中每个环节都处于受控状态，每个过程都有《质量记录》，施工全过程实现可追溯性。

⑧事故处理。

项目实施中遇到事故，坚持“四不放过”：事故原因不明不放过、不分清责任不放过、没有改进措施不放过、责任人没有追究不放过。

2. 安全管理

（1）安全目标

该标段的安全目标为，杜绝重大伤亡事故，轻伤安全事故控制在 2‰以内，安全防护达标率 100%，其中优良率 90% 以上，创建文明工地。

（2）安全保证体系

根据公司《质量 / 职业健康安全 / 环境一体化体系管理手册和程序文件》，该标段制定了安全保证制度，形成安全保证体系。

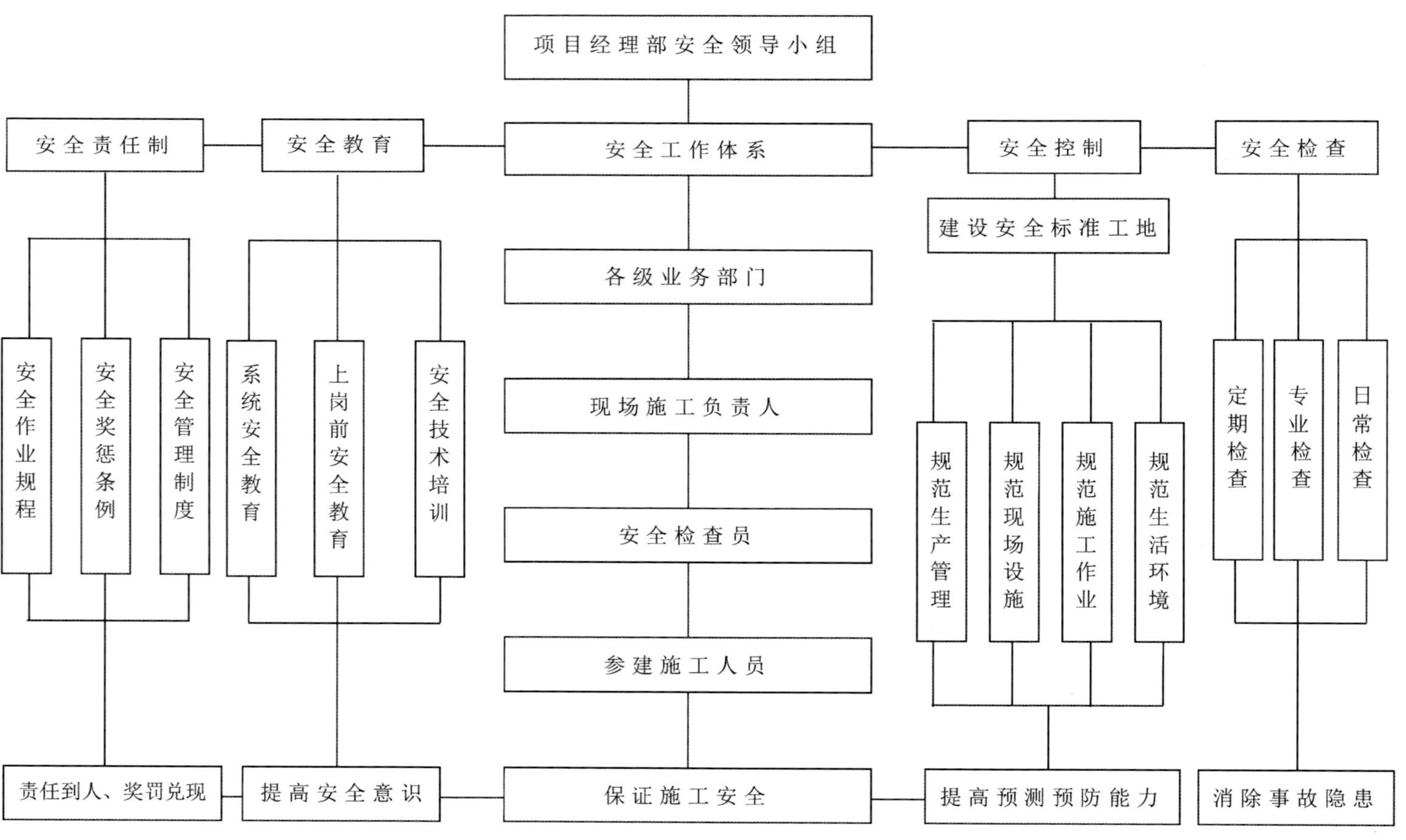


图 5-2-9 安全保障体系框架图

（3）安全管理组织机构

为保障安全管理，该标段建立了安全管理组织机构，积极落实安全生产责任制。项目经理为第一安全责任人，对劳动保护和安全生产的技术工作负责任。

安全组织机构见下图：

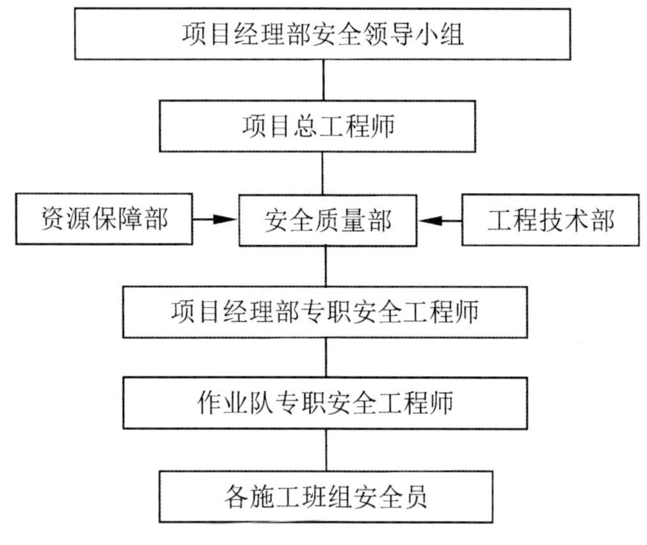


图 5-2-10 安全组织机构框架图

（4）安全保证组织措施

①贯彻“安全第一，预防为主”的方针，本着“安全生产是企业永恒的主题”的原则，该标段严格执行国家、交通运输部制定的安全生产方针政策及现行的有关安全技术规程、标准，严格安全奖惩制度，做到有章必循，有令必止，确保施工安全。

②标段认真执行公司十项安全生产制度：安全生产责任制、班前安全生产讲话制、安全技术交底工作制、临时设施检查验收制、安全教育制、交接班制、安全操作挂牌制、安全生产监督检查制、职工伤亡事故报告处理制、安全生产奖惩制。

③标段项目部成立了安全生产领导小组，由项目经理任组长，全面负责安全生产工作。制定了严格的安全作业措施，定期分析安全生产形势，充分发挥各级安检人员的监督作用，研究解决工作中存在的问题，及时发现和解决事故隐患，强化安全管理。

④该标段在施工中开展“三工”教育，开工前进行系统、广泛的安全教育，做到安全教育经常化、制度化。开工前和半年安全教育普及率达到 100%。

⑤项目经理部坚持安全技术交底工作制度，对重点、难点和危险性较大的工程及大型设备操作及重点项目、关键工序及特殊工种进行安全技术交底。交底的主要内容

突出重点，明确标准，提出要求具有针对性和可操作性。

（5）安全保证技术措施

第一，下部工程施工安全措施。

针对墩、台的施工，施工人员在钢筋、模板安装前，先搭好脚手架、平台、栏杆及上下扶梯挂设安全网；模板安装，内外支撑牢固；使用吊斗灌混凝土时，避免吊斗碰撞模板和脚手架；使用混凝土振捣器时，认真检查振捣外壳，电缆线有无破损；作业人员穿、戴绝缘胶鞋和绝缘皮手套操作。

第二，高空作业安全技术措施。

参与高空作业的施工人员，必须系安全带、戴安全帽、穿防滑鞋，周围设防护栏及挂设安全网，作业人员所用的扳手、锤头等工具必须用绳挂在工具栏内，防止坠落伤人，严禁非施工人员上下墩台。

架桥采用定型双导梁架桥机进行。架桥机可以自动纵移和横移，避免了人工移梁带来的安全问题。安放完梁体，解放钢丝绳时，注意钢丝绳垂落伤人。

第三，路基工程施工措施。

路堑开挖时，注意坡面的稳定情况。每次开工前、收工后，对坡面、坡顶周围认真检查，对有裂缝和塌方现象或有危石、危土时立即处理。此外，按照自上而下的顺序实施路堑开挖，防止因开挖不当造成坍塌、边坡不稳，坚决禁止掏底开挖、放大炮。石质路堑开挖采用小型松动控制爆破，并划出安全防护范围，做好警戒工作，严禁过量装药。

在高边坡地段施工时，开挖一级防护一级，减少边坡暴露时间，做好安全措施，加强边坡的监测。

（6）事故处理

凡发生重大伤亡及其他安全事故，该标段项目部均按有关规定立即报告监理工程师，并上报有关部门，迅速展开救援、抢险工作。

对安全事故按照“四不放过”的原则进行联合调查，认真分析，查明原因，对事故责任者，严肃处理，追究经济、行政、法律责任。

3. 工程进度管理

（1）建立工期保证体系

把该标段项目工程作为公司的重点工程，成立工期保证体系。

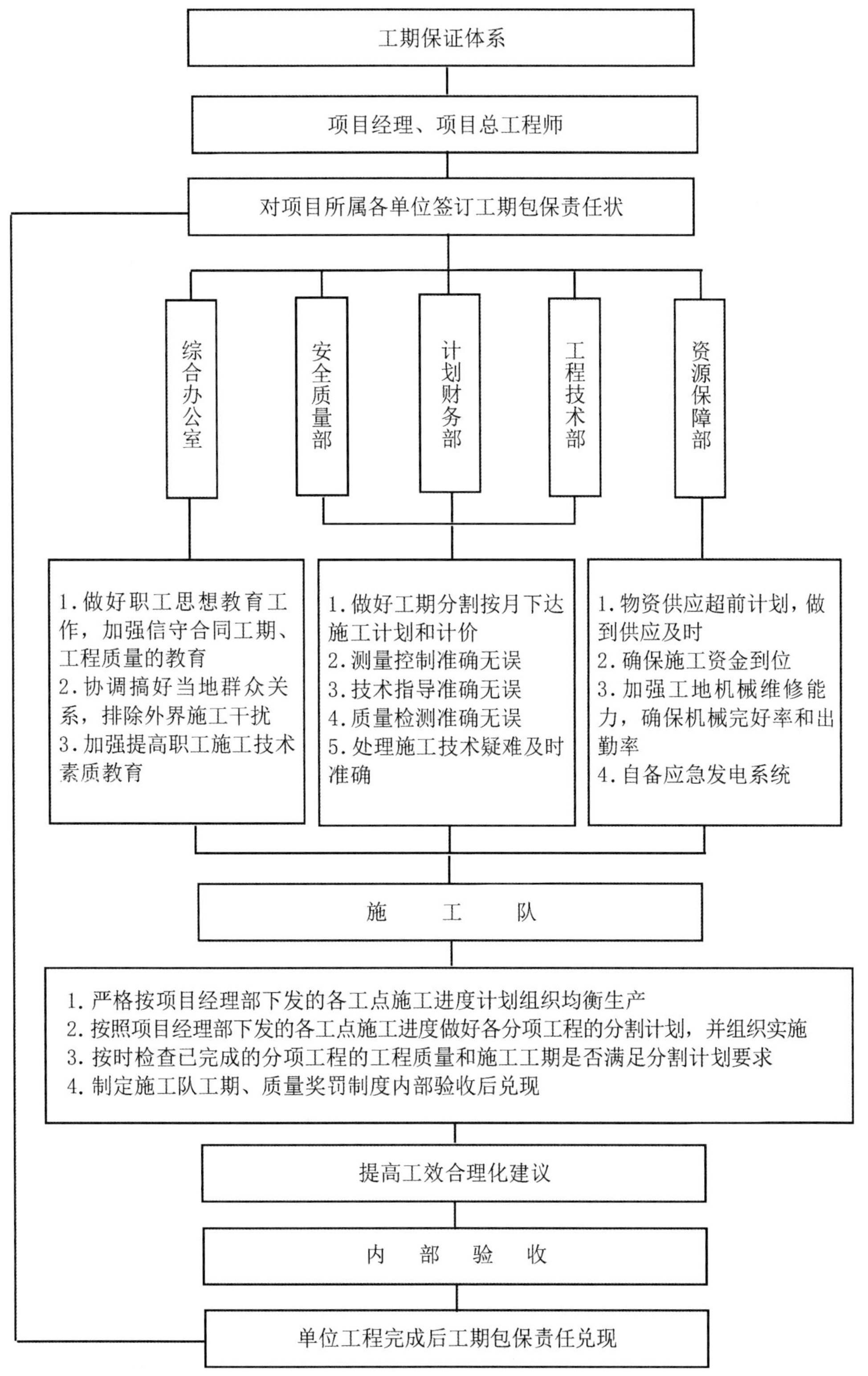


图 5-2-11 工程工期保证框架图

图 5-2-12　试验室对摊铺厚度进行检测

图 5-2-13　完成 T 梁架设的蒙普 2 号桥

（2）强化进度计划管理的措施

①运用网络技术，把控关键工序。在施工建设过程中，该标段采用先进的项目管理软件系统，分析调整工程的重难点和控制工期的工序，抓住关键线路，对施工重点工作优先安排，如大设备、人力、物力、财力的投入，确保各关键工序按期完成。同时，尽可能多工序同步施工，合理安排作业层次，加快施工进度。

②运用多项监控法全过程管理。运用“投资指标监控法、形象进度监控法、单项进度指标监控法、关键线路网络监控法”等多种方法对全过程进行进度监控管理。

（3）采用新技术、先进设备加快施工进度

①采用先进设备及检测仪器。所有工程尽量采用机械化作业，混凝土拌和采用自动计量的拌和站，混凝土搅拌输送车运输，泵送入模。测量采用全站仪，土方压实度检测采用核子密度仪。

②路基、路面提高机械化作业效率。

③采用先进的项目管理软件进行动态信息处理和工期控制。现场设专职计划检查人员，每日检查、监督施工计划的执行情况，确保工程进度计划，遇特殊情况时及时对原施工计划予以调整和修正，保证分项工程的工期。

在施工建设过程中，该标段密切关注关键线路各工程项目的进展情况，对各项目施工过程中出现的各类问题及时处理，尽力避免停、窝工现象的发生，保证关键线路上各工程施工的准时性。

## 三、土建三标

### （一）参建单位简介

中铁二局是新中国第一家铁路施工企业，第一家建立现代企业制度和股票上市的铁路施工企业，也是中国中铁旗下的核心成员企业。

成立 70 年来，中铁二局始终秉承“干一项工程，树一座丰碑”的理念，从修建新中国第一条铁路——成渝铁路开始，先后参加了 300 多条重点铁路建设，累计里程

图 5-3-1　中铁二局昌加三标沥青路面摊铺圆满成功

16000 余千米，为中国铁路建设作出了重要贡献。同时，参建了 200 多条高速公路，40 余项水利水电，20 余项机场港口，以及数千项市政和国内绝大部分城市轨道交通等工程。

中铁二局积极响应党和国家号召，坚定不移实施“走出去”战略，积极参与“一带一路”倡议，足迹遍布 50 多个国家和地区。

目前，该公司已从单一的铁路施工单位，发展成为集工程施工、基础设施建设管理、房地产开发、国际业务、勘察设计咨询、商贸物流、商业物业等业务于一体的大型现代产业集团。该公司拥有各类人才近 2 万人，全资及控股子公司 24 个，总资产达 900 亿元，年综合生产能力 1000 亿元以上，先后荣获国家及省部级科技进步奖 84 项、国家及省部级工法 366 项，荣获鲁班奖 31 项、国家优质工程奖 41 项、詹天佑土木工程奖 21 项、中国建筑工程装饰奖 18 项、省部级优质工程奖 441 项，授权国家专利 437 件。荣膺“全国抗震救灾英雄集体”“全国五一劳动奖状”“全国优秀施工企业”“中国工程建设诚信典型企业”等称号。

## （二）标段概况

该公司承建的昌加改造工程项目第三标段位于昌都市城关镇境内，平均海拔 3200 米，线路沿澜沧江布设，签约合同价 8.23 亿。标段路线起点桩号 K13+400—K21+670，线路全长 8.816 千米（长链 546.251 米）。

该标段主要包括管段范围内路基、桥梁（含连续刚构梁）、路面工程。主要情况如下：

（1）路基工程：该标段路基工点 12 段，总长 5052.7 米。

（2）桥梁工程：该标段除侧格中桥外均为双线桥，3763.3 米 /11 座。

（3）涵洞工程：325 横延米 /10 座，均为盖板涵。

（4）路面工程：水泥稳定土基层 122520 平方米，级配碎石土底基层 130930 平方米，沥青混凝土共计 2.84 万立方米。

## （三）标段特点、重难点

1. 标段特点

（1）高原特点突出，工程投入增加

该标段地处青藏高原东南部，所处地段平均高程 3127 米，空气密度低、严寒、缺氧、温差大、紫外线强，植物稀少，生态脆弱，人工和机械效率严重下降，在工程投入方面有所增加。

图 5-3-2 梁场冬期施工

（2）环保要求高，施工难度增大

由于西藏地区地理位置特殊，生态环境极为脆弱，破坏后难以恢复，且沿线分布多处自然保护区，线路与在建或拟建水电站多次交叉或邻近，对环保要求极高，增加了工程成本和施工难度。

图 5-3-3　施工现场组图

图 5-3-4 加都通 1 号大桥盖梁组图

（3）民族政策性强，尊重民风民俗

该工程所在地为民族地区。施工前，该标段对参建人员进行民族政策教育培训，确保施工过程中尊重当地民风民俗。

（4）工程跨度大，地材运输协调难

该标段跨越两个乡镇，其中两个行政村，多个自然村。地材运输要跨村、跨乡，且采用当地村庄运输车队运输，村落、乡镇之间协调难度较大，极大增加了项目成本。

（5）地形险峻，施工任务加重

澜沧江河谷狭窄，两侧山岭为中起伏高山区，绝对高度 3500 ~ 4500 米，谷地绝对高度 3126 ~ 3230 米，谷地与两侧山岭相对高差一般为几百米，局部相对高度大于 1000 米，河谷段呈典型的深切 V 形谷地，两岸谷坡陡峻，坡度一般大于 45°，局部地段近于直立。施工期间，该标段不仅要注意施工安全，还要注重对沿河边坡的观测和山体危石的清理，加大了施工任务量。

（6）桥梁工程较多，施工条件困难

该标段桥梁工程规模较大，部分桥梁沿江或跨江设置，合理选择施工梁场位置，做好桥梁施工组织计划非常关键。澜沧江季节性水位变化较大，桥梁下部结构尽可能选择在枯水期施工。

图 5-3-5　莫荣大桥施工现场组图

（7）跨江桥梁多，施工风险高

该标段有 4 座大桥跨越澜沧江，其中 3 座预应力 T 梁桥、1 座 65+120+65 米连续刚构，桥梁水中基础、跨江桥梁施工安全风险高。

2. 标段重难点

（1）抢在汛期前结构出水

澜沧江水流湍急，每年的 5 月底进入汛期，7 月上旬出现一次汛期高峰，主要是由地下水（35%）、融水（33%）、雨水（32%）叠加而成。该标段全线桥梁四跨澜沧江，涉及水中桩 119 根，且均为桩径 2 ～ 2.4 米，桩长 40 ～ 65 米。汛期前剩余施工时间短，施工组织难度大。

图 5-3-6 侧格 2 号大桥施工现场组图

（2）抢架梁通道的下部结构压力巨大

澜沧江两岸地形陡峭，呈典型的深切V形谷地，可利用的土地面积少，而供可选择的梁场的场地更少。为了降低对当地生产、生活的影响，该标段梁场设置在路基上，由于无足够的存梁区，生产出的梁要立即铺架，下部结构施工压力巨大。

图5-3-7　预制T梁浇筑组图

（3）连续刚构有效施工时间短

全线控制性工程 65+120+65 连续刚构，上部结构采用挂篮悬臂浇筑（14 个节段），下部采用“双肢等截面空心薄壁墩 + 整体式承台 + 群桩”的结构形式。

桥梁原设计工期为三年，未考虑汛期施工，但合同工期为两年。根据工期倒排，下部结构必须在汛期内施工，上部结构为保证施工质量避开冬季施工，但却要进入雨季施工。桥梁有效施工时间短，汛期施工安全风险高。

图 5-3-8　左巴大桥梁架设组图

## （四）施工管理

1. 标准化建设

（1）项目前期的标准化建设

项目前期在领会公司策划精髓的基础上提出了“四化”。

①主体标准化。

项目主体工程秉承“用铁路的管理，干好公路施工”的理念打造样板工程。主要体现在桥梁线性和混凝土质量控制上。项目采用的方法是全面排查，划清权、责。混凝土问题是一个系统问题，在这个系统中受地材、水泥、减水剂、拌和、运输、施工工艺、养护等影响。项目根据7天和28天强度滚动全面排查结构物强度，在此基础上在前场作业班组施工环节、中场项目部管理人员要混凝土环节；后场拌和站的拌和、运输环节以及原材料的品质鉴定环节上各自承担责任，通过这种方式倒逼混凝土质量管理。

②临建功能化。

临建工程以实用性、功能性为基本要求建设，根据其需要发挥的作用设计布置。如当同2号大桥临时钢便桥的修建，考虑到该便桥的功能只在枯水期施工河对面的桥梁桩基及下部结构，所以在设计时就采用扩大基础作为桥台基础，桥面高度也仅考虑枯水期水流影响，汛期将便桥拆除。又如预制梁场根据施工组织安排不需要存梁，故只设置制梁台座，制梁区共占地5330平方米，共25个T梁台座，30米梁和40米梁共用，承担715片T梁制梁任务，平均每个台座利用了29次。

图5-3-9　昌加改造工程项目第三标段盖梁施工现场组图

图 5-3-10 当同大桥施工现场组图

③方案经济化。

项目针对各种临建和措施方案都进行了多方案比选，权衡利弊，选择最适合本项目的方案。项目在前期策划对混凝土拌和站的建设就租用商混站和自建拌和站进行了详细的经济比选，虽然租用商混站更经济，但因为该商混站存在较多经济纠纷而选择自建拌和站。梁场选址方案也就选择临时征地和选择路基上建预制场进行了比选，最后因为临时征地租地成本较高，且需要对其进行复垦，最后采用在路基上建场的方案。

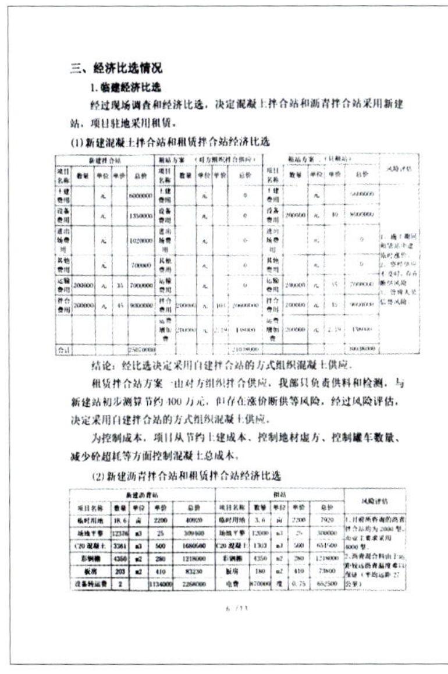

三、经济比选情况

1. 临建经济比选

经过现场调查和经济比选，决定混凝土拌合站和沥青拌合站采用新建站，项目驻地采用租赁。

(1) 新建混凝土拌合站和租赁拌合站经济比选

| 新建拌合站 | | | | | 租站方案（对方组织拌合供应） | | | | | 租站方案（只租站） | | | | | 风险评估 |
|---|---|---|---|---|---|---|---|---|---|---|---|---|---|---|---|
| 项目名称 | 数量 | 单位 | 单价 | 总价 | 项目名称 | 数量 | 单位 | 单价 | 总价 | 项目名称 | 数量 | 单位 | 单价 | 总价 | |
| 土建费用 | | 元 | | 6000000 | 土建费用 | | 元 | | 0 | 土建费用 | | 元 | | [illegible] | 1. 施工期间[illegible]；2. [illegible]存在断供风险；3. [illegible]风险 |
| 设备费用 | | 元 | | 1350000 | 设备费用 | | 元 | | 0 | 设备费用 | 200000 | 元 | [illegible] | [illegible] | |
| 进出场费用 | | 元 | | 1020000 | 进出场费用 | | 元 | | 0 | 进出场费用 | | 元 | | 0 | |
| 其他费用 | | 元 | | 700000 | 其他费用 | | 元 | | 0 | 其他费用 | | 元 | | 0 | |
| 运输费用 | 200000 | 元 | 35 | 7000000 | 运输费用 | | 元 | | 0 | 运输费用 | 200000 | 元 | [illegible] | 7000000 | |
| 拌合费用 | 200000 | 元 | 45 | 9000000 | 拌合费用 | 200000 | 元 | [illegible] | [illegible] | 拌合费用 | 200000 | 元 | [illegible] | [illegible] | |
| | | | | | 运费增加费 | 200000 | 元 | 2.19 | [illegible] | 运费增加费 | 200000 | 元 | 2.19 | [illegible] | |
| 合计 | | | | 25070000 | | | | | [illegible] | | | | | [illegible] | |

结论：经比选决定采用自建拌合站的方式组织混凝土供应。

租赁拌合站方案一由对方组织拌合供应，我部只负责供料和检测，与新建站初步测算节约 400 万元，但存在涨价断供等风险，经过风险评估，决定采用自建拌合站的方式组织混凝土供应。

为控制成本，项目从节约土建成本、控制地材底方、控制罐车数量、减少砼超耗等方面控制混凝土总成本。

(2) 新建沥青拌合站和租赁拌合站经济比选

| 新建沥青站 | | | | | 租站 | | | | | 风险评估 |
|---|---|---|---|---|---|---|---|---|---|---|
| 项目名称 | 数量 | 单位 | 单价 | 总价 | 项目名称 | 数量 | 单位 | 单价 | 总价 | |
| 临时用地 | 18.6 | 亩 | 2200 | 40920 | 临时用地 | 3.6 | 亩 | 2200 | 7920 | 1. 目前所咨询的沥青拌合站均为 2000 型，业主要求采用 4000 型。2. 沥青混合料由[illegible]较远沥青温度难以保证（平均运距 27 公里） |
| 场地平整 | 12376 | m3 | 25 | 309400 | 场地平整 | 12000 | m3 | 25 | 300000 | |
| C20 混凝土 | 3361 | m3 | 500 | 1680500 | C20 混凝土 | 1303 | m3 | 500 | 651500 | |
| 彩钢棚 | 4350 | m2 | 280 | 1218000 | 彩钢棚 | 4350 | m2 | 280 | 1218000 | |
| 板房 | 203 | m2 | 410 | 83230 | 板房 | 180 | m2 | 410 | 73800 | |
| 设备转运费 | 2 | | 1134000 | 2268000 | 电费 | 870000 | 度 | 0.75 | 652500 | |

6 /13

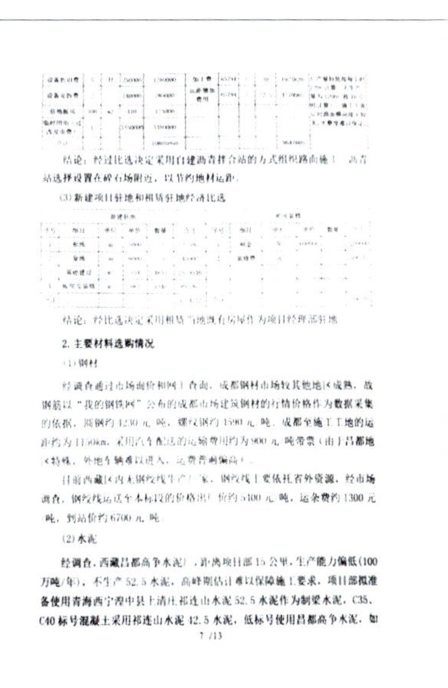

| | | | | | | | | | | |
|---|---|---|---|---|---|---|---|---|---|---|
| 设备折旧费 | [illegible] | 台 | 250000 | [illegible] | 加工费 | 65794 | | [illegible] | [illegible] | [illegible] |
| 设备安拆费 | | | 180000 | [illegible] | 运距增加费用 | 65794 | | [illegible] | [illegible] | |
| 驻地搬迁 | [illegible] | m2 | [illegible] | [illegible] | | | | | | |
| 临时用地（过青苗费） | [illegible] | | [illegible] | [illegible] | | | | | | |
| 合计 | | | | [illegible] | | | | | [illegible] | |

结论：经过比选决定采用自建沥青拌合站的方式组织路面施工，沥青站选择设置在碎石场附近，以节约地材运距。

(3) 新建项目驻地和租赁驻地经济比选

| 新建驻地 | | | | | | 租赁驻地 | | | | | |
|---|---|---|---|---|---|---|---|---|---|---|---|
| 序号 | 项目 | 单位 | 单价 | 数量 | 合计 | 序号 | 项目 | 单位 | 单价 | 数量 | 合计 |
| 1 | 板房 | [illegible] | [illegible] | [illegible] | [illegible] | 1 | 租金 | [illegible] | [illegible] | | [illegible] |
| 2 | [illegible] | [illegible] | [illegible] | [illegible] | [illegible] | 2 | [illegible] | [illegible] | | | [illegible] |
| 3 | 场地建设 | [illegible] | [illegible] | [illegible] | [illegible] | | | | | | |
| 4 | [illegible] | [illegible] | [illegible] | [illegible] | [illegible] | | | | | | |
| 合计 | | | | | [illegible] | 合计 | | | | | [illegible] |

结论：经比选决定采用租赁当地既有房屋作为项目经理部驻地

2. 主要材料选购情况

(1) 钢材

经调查通过市场询价和网上查询，成都钢材市场较其他地区成熟，故钢筋以“我的钢铁网”公布的成都市场建筑钢材的行情价格作为数据采集的依据，圆钢约 4230 元/吨，螺纹钢约 4590 元/吨，成都至施工工地的运距约为 1150km，采用汽车配送的运输费用约为 900 元/吨带票（由于昌都地区特殊，外地车辆难以进入，运费普遍偏高）。

目前西藏区内无钢绞线生产厂家，钢绞线主要依托省外资源，经市场调查，钢绞线运送至本标段的价格出厂价约 5400 元/吨，运杂费约 1300 元/吨，到站价约 6700 元/吨。

(2) 水泥

经调查，西藏昌都高争水泥厂，距离项目部 15 公里，生产能力偏低(100 万吨/年)，不生产 52.5 水泥，高峰期估计难以保障施工要求，项目部拟准备使用青海西宁湟中县上清庄祁连山水泥 52.5 水泥作为制梁水泥，C35、C40 标号混凝土采用祁连山水泥 42.5 水泥，低标号使用昌都高争水泥，如

7 /13

图 5-3-11 方案经济比选资料图

图 5-3-12 中铁二局昌邦机场三标项目部物资专题会

④管理精细化。

一是精细化管控施工过程中进度和成本的矛盾。加大成本投入抢架梁通道上的半幅水中墩，如左巴大桥左幅5号墩，对非关键线路上的其他水中墩放到第二个枯水期，避免浪费成本。

二是精细化工期管控。把施工计划排到每一根桩上，建立EXCEL工期表，一方面便于对比实际和计划的偏差，及时纠偏；另一方面是为了防止非关键线路成为关键线路，把工期滞后风险管控在总工期内。

三是精细化物资保障。昌都地理位置特殊，虽然是西藏的东大门，但是距离拉萨、成都、甘肃、云南几乎都是1200公里左右，并且四面环山，冬季还要封山。在这种情况下，项目部买了运输地图，就像作战部署一样来组织区外供应，克服、化解物资组织困境。

（2）项目施工中的标准化

项目在施工中结合实际情况提出了“四个抓手”的控制手段。

一是首抓安全，主要是指汛期施工、高空作业、机械安全、国道防护、起重吊装、栈桥安拆。

二是强抓质量，主要指钢筋直螺纹连接和混凝土的质量。

三是狠抓进度，主要指水中基础和连续刚构下部结构出水，在此基础上提出了“5+2”，即5个施工组织+2个施工保障。5个施工组织分别是：涉水的下部结构施工；T梁制作和架设；路基路面的交叉作业；桥面系；连续刚构。2个施工保障分别是物资供应、冬季施工。

四是常抓环水保，主要指便道口、临建、平行于国道的施工段。

2. 质量管理体系

（1）建立质量管理体系

该公司成立以项目经理为组长，常务副经理和项目总工程师为副组长的创优领导小组，制定与 ISO 9001 质量保证体系相对应的项目质量控制措施。

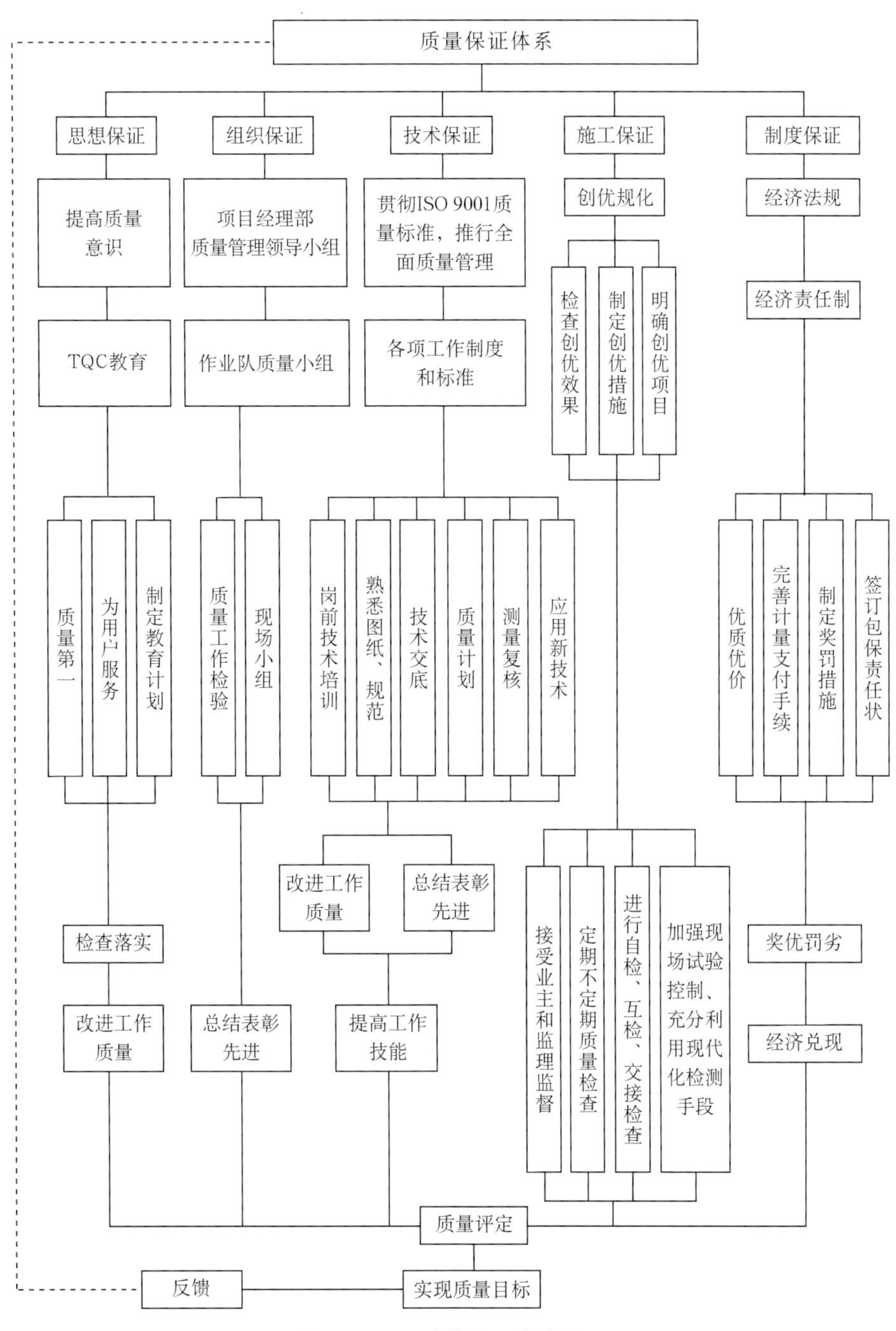


图 5-3-13 质量保证体系图

（2）质量保证措施

①组织保证。

该标段建立健全了各种质量管理的规章制度、制定质量标准及操作工艺，并通过质量监督检查工作贯彻落实。通过实施全面质量管理工作，不断推进新技术、新工艺、新材料、新设备的应用，提高施工工序质量的控制能力，保证工程质量达到优良标准。同时，层层落实质量责任，把质量目标同参建职工的利益挂钩，每月定期由项目经理组织各部门进行质量工作考核评比，奖优罚劣。

②思想教育保证。

为提升参建员工对施工质量的深刻认识，该标段深入开展全面质量管理教育，使参建员工更深刻认识人、机、料、法、环五大因素对工程质量的重大影响，从而围绕五大因素研究对策并实施。

③制度保证。

该标段在制度保证方面，做到“四个坚持”：坚持技术交底制度。开工前，根据施工组织计划编写作业指导书，并向全体施工人员进行全面技术交底。坚持自检、互检、工序交接检查的“三检”制度。做到上道工序不清，不准进入下道工序施工。坚持材料检验制度。材料进场前检验验收或取样送检，防止不合格材料进入现场。主要材料须具

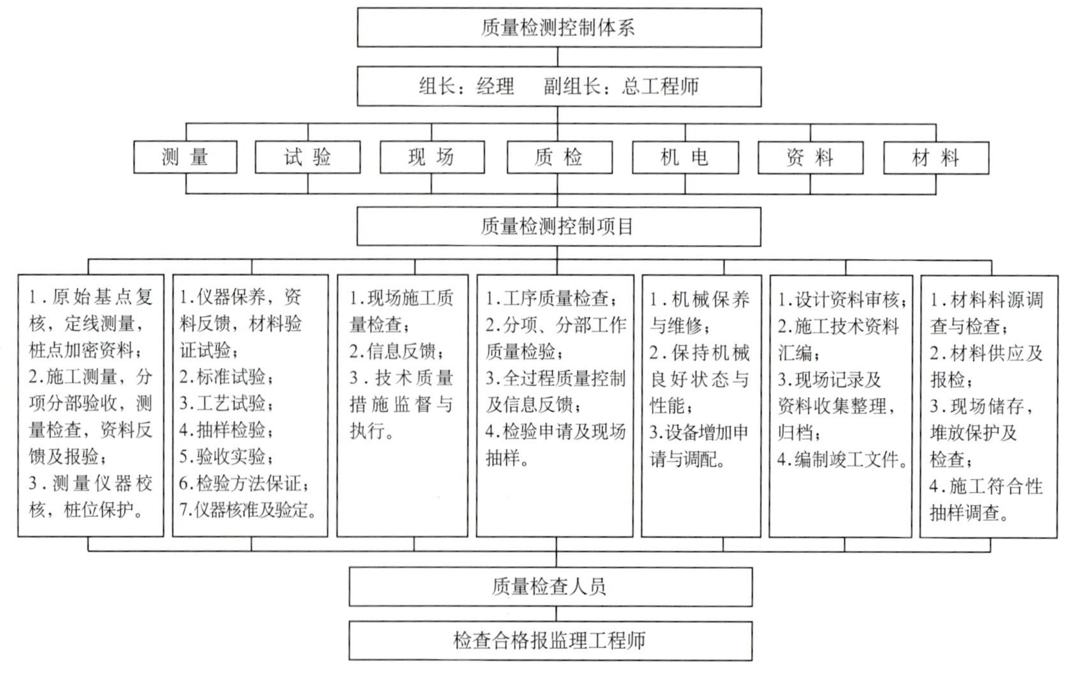

图 5-3-14　质量监测控制体系框架图

备三证，通过检验合格的才能使用。坚持质量事故申报制度。对质量事故严肃处理，坚持三不放过，即事故原因不明不放过，不分清责任不放过，没有改进措施不放过。

（3）质量检测控制体系

3. 安全生产管理体系

（1）积极开展“平安工地”建设

该标段坚持“安全第一，预防为主”的原则，建立健全安全生产责任制，完善安全生产保证体系，杜绝特别重大、重特大安全事故、死亡事故，防止一般事故的发生。消灭一切责任事故，确保人民生命财产不受损害，创建安全生产标准工地。

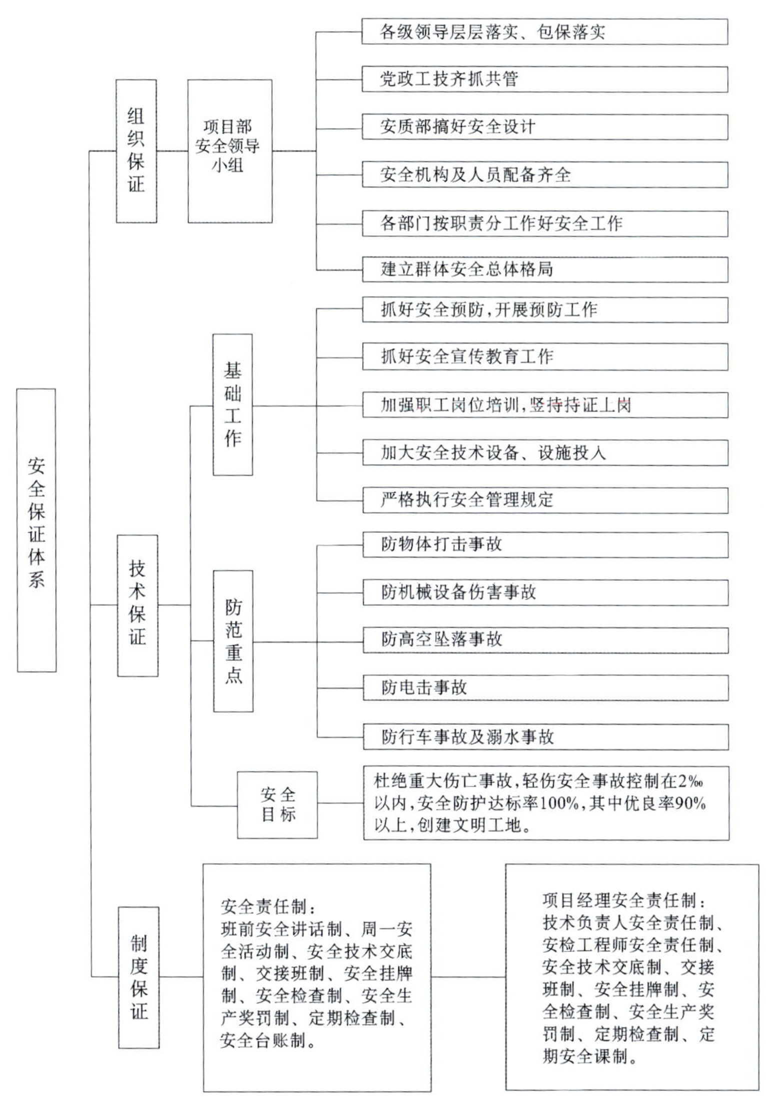


图 5-3-15 安全保证体系框架图

（2）安全保证检查程序

为保障安全生产，该标段严格执行“五查”制度，即查领导，是否把安全生产放在首位，当作头等大事来抓；查思想，干部职工是否从思想上重视，在整个施工过程中是否坚持了“安全第一”的方针和管生产必须管安全的原则；查纪律，干部职工在施工中是否建立健全了各种管理制度，制度是否得到了落实；查隐患，施工现场的劳动条件、机械设备安全措施，是否符合规范要求，有无漏洞等；查资料，各种管理规定是否健全，平时安全检查，安全整改和安全教育是否有记录，发生事故是否按照“三不放过”原则进行了认真处理。

（3）安全保证组织机构

在组织机构方面，项目经理部成立以项目经理为组长的安全领导小组，小组成员含项目书记、副经理、项目总工程师、安全总监、专职安全工程师及各部门负责人，并制定详细的安全管理制度和各项措施。

（4）安全生产费用使用和管理制度

为建立项目安全生产投入长效机制，根据《安全生产费用财务管理办法》等各项规定，该标段规范了安全生产费用财务管理，规范项目安全生产费用管理工作，保证安全生产费用能落到实处，确保施工安全有序开展。

①按照相关规定，该标段提取工程计量款的1.5%，作为项目的安全生产费用。安全生产费优先用于安全技术措施的实施，以及为满足和达到安全生产标准而进行的整改工作。

②安全生产费用按照“项目计取、确保需要、项目统筹、规范使用”的原则进行管理，财务把安全生产费用纳入项目财务计划，做到专户存储，专户核算，保证专款专用，并督促其合理使用。

③安全生产费用使用范围包括：完善、改造和维护安全防护设施、设备支出（不含“三同时”要求初期投入的安全设施）；配备、维护、保养应急救援器材、设备支付和应急演练支付；开展危险源和事故隐患评估、监控和整改支出；安全生产检查、评价（不包括新建、改建、扩建项目安全评价）、咨询和标准化建设支出；配备和更新现场作业人员安全防护用品支出；安全生产宣传、教育、培训支出；安全生产适用的新技术、新标准、新工艺、新装备的推广应用支出；安全生产设施及特种设备检测检验支出等。

④项目安全质量部建立了安全费用台账，记录安全生产费的费率、金额、支付计划、使用要求、调整方式等条款。

⑤项目经理对安全生产费用全面领导，负责审批安全生产费用提取、安全投入计划、经费使用报告、安全经费提取和情况年度报告等。

⑥财务部负责对安全生产资金进行统一管理，审核安全费用提取、安全投入计划、安全经费使用等，根据年度安全生产计划，做好资金的投入落实工作，确保安全费用投入迅速及时。

⑦安全生产领导小组负责审核、汇总并编制项目部安全生产经费投入计划，审核安全投入报告，监督检查安全投入落实情况，汇总并建立项目部安全经费投入台账，编制年度安全经费提取和投入情况报告。

⑧安全生产费用实行专户核算，项目按规定范围安排使用；年度结余资金转下年度使用；安全生产费用不足的，超出部分按正常成本费用渠道列支。

⑨项目部各部门主管按照职责分工对有关专业安全生产费用计取、支付、使用，实施监督管理。

⑩发现安全费用支取人擅自挪用安全费用的，项目部会按情节严重程度严肃处理，处理办法由项目领导班子研究决定。

4. 工期保证体系

（1）建立工期保证体系，见下图

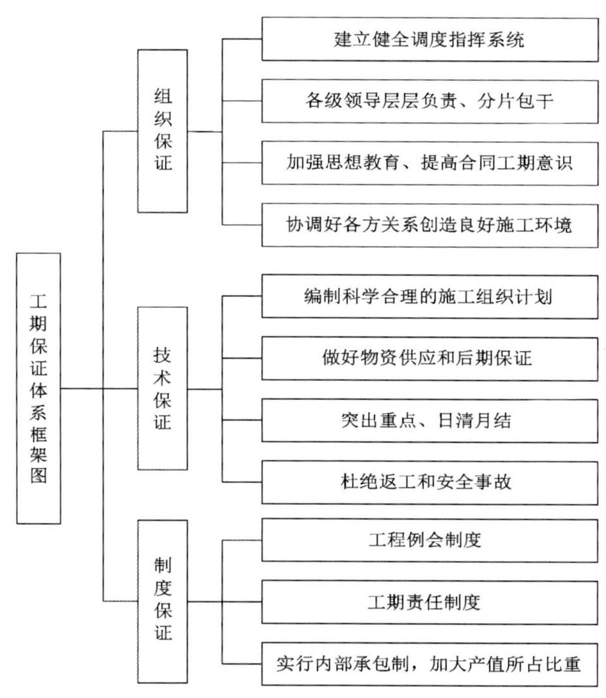


图 5-3-16 工期保证体系框架图

（2）实施项目计划管理

①根据施工组织安排总体布置，该标段项目部编制年度计划、季度计划、月计划、旬计划、日计划。内容包括：施工进度计划、各主要工种劳动力平衡计划、机械设备配置计划、钢筋、商品混凝土材料配件购置计划等，以“日保旬、旬保月、月保季、季保年度”工期目标实现。并且从实际出发，确保计划严肃性和科学性，明确主攻方向，保竣工、创优质产品，实现最佳经济效益。

②以工作计划及责任成本等包干的承包模式，把计划完成情况与项目管理人员及所有作业人员收入挂钩，形成强有力的计划保证制度。

③根据施工情况及时调整施工进度计划，实施项目动态管理。

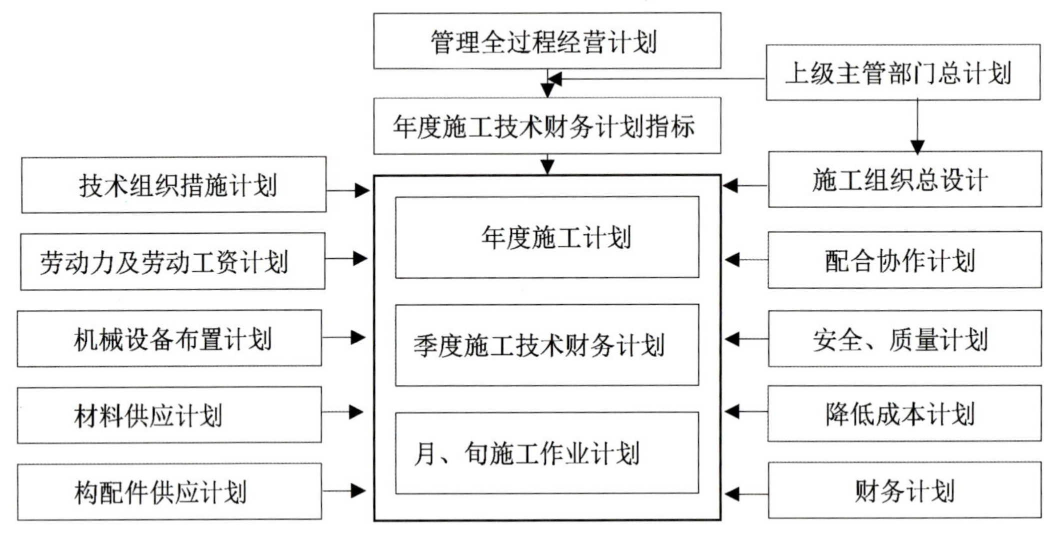

图5-3-17　项目部进度计划管理关系图

（3）严控关键节点工期

为保障工程节点工期顺利完成，该标段制定以关键工序为主的施工进度控制措施，加大人、材、物及施工设备的投入，以关键工序确保整个工程工期。通过实行计算机信息化管理，安排专人收集施工进度情况，及时调整施工进度计划网络图和横道图，充分发挥资源优势，推进关键节点工期顺利实施。

（4）联网管理工程进度

通过编制施工进度计划，该标段项目部按作业标准及时提交计划、报告进度情况。对工程合同进行标准化管理，确保合同文件管理的有效性和时效性，并与项目指挥部和监理工程师进行联网管理。

5. 项目管理经验

（1）进场快

2018 年 1 月 11 日拿到中标通知书；1 月 22 日领到电子版施工图；2 月 2 日钻机开钻；施工快：项目分别于 2018 年 2 月 28 日、4 月 26 日、5 月 20 日、6 月 2 日、6 月 25 完成全线四个标段的桩基、墩柱、盖梁、40 米 T 梁、架梁首件。并于 8 月 28 日实现了全线首座跨澜沧江桥梁架通。产值快：截至 10 月 19 日，开工后累计完成的产值 4.03 亿元，完成率 48.7%，合同总工期耗用率 38.9%，施组总工期耗用率 36.1%。在实现公司“勇争第一”的理念的同时揽获了业主奖励及社会各界的认可。

（2）找准亮点

项目在前期公司策划的基础上，动态打造以跨河桥梁形象进度（左巴大桥）和连续刚构桩基施工钢平台的施工亮点。并且根据时间段的不同交错打造、宣传、造势，得到了外界的赞赏和认可。

图 5-3-18　首片 T 梁浇筑组图

图 5-3-19　荣誉组图

图 5-3-20　左巴大桥组图

连续刚构钻机平台经过多方案比选，采用最经济的钢平台形式，成为西藏首例水中钢平台。左巴大桥为全线四个标段 11 处跨河中的 1 处，为项目的关键线路。公司通过专人盯控、加大投入的方式，抢通半幅架梁通道，成为全线汛期唯一一座跨河架通的桥梁，也释放了存梁的压力。

（3）狠抓提质增效

公司通过每天早上的班前讲话、各种会议、外部的各种检查，把工作要求、提出的问题、需要整改的内容以表格的形式清单化，由项目经理牵头制定实施人、完成时间、完成要求，并验收完成质量。办公室派一名专人负责跟踪提醒，收集资料，每天利用次日的班前讲话通报完成情况。一周一汇总，一月一考核，制定罚款、奖励措施与项目绩效挂钩。

图 5-3-21　班前讲话

**昌邦机场公路项目部“提质增效”工作任务**

时间：2018年9月22日

| 序号 | 任务划分 | 任务下达时间 | 工作任务具体内容 | 完成时间 | 主要负责单位/部门 | 负责人 | 工作要求 | 完成情况 | 处罚措施 | 备注 |
|---|---|---|---|---|---|---|---|---|---|---|
| 1 | 项目部属各部门工作任务 | 2018.9.22 | 当同2号大桥0#桥台变更申请上报业主 | 9月23日 | 工程部 | 任启涛 | | 已完成 | 项目部各部门单项任务未在规定时间内完成，每超出一天，相关负责人及部门人员罚款50元/天；累计三项任务超时，扣除当月绩效工资的20%，三项任务以上超时的，每增加一项，增扣当月绩效工资的10%，当月绩效工资扣完为止。 | |
| 2 | | 2018.9.22 | 论证加都通与莫柴大桥架梁先后顺序 | 9月22日 | | 王平 | 结果汇报岳经理 | 已完成 | | |
| 3 | | 2018.9.22 | 梁场建立健全绝对温度、温差及拆模强度监测体系 | 9月25日 | 工程部、试验室 | 王浩、罗勇 | 大气绝对温度；相对温度（分覆盖区，漏风区）；脱模时候的强度：按照每天测三次强度记录强度增长值；按照1、2号梁场各自跟踪4片梁统计。 | 已完成 | | |
| 4 | | | 完成物资组织流程会议纪要并形成红头文件下发 | 9月25日 | 物资部、工程部 | 余军、夏嵩 | | 已完成 | | |
| 5 | | 2018.9.22 | 对涉及到一次性投入、隐蔽工程、便道、便桥等审计风险进行全面梳理并形成相关分析机制 | 每月一次 | 工程部、工经部 | 王浩 | | 已完成 | | |
| 6 | | 2018.9.22 | 出台三季度变更索赔会议纪要 | 9月22日 | 工经部 | 张玉晓 | | 已完成 | | |
| 7 | | 2018.9.22 | 完成对外计价 | 10月10日 | 工程部、工经部 | 任启涛、张玉晓 | | 已完成 | | |
| 8 | | 2018.9.22 | 完善项目部债权债务表 | 9月22日 | 财务部 | 莫均群 | | 已完成 | | |
| 9 | | 2018.9.22 | 建立健全变更台账 | 9月23日 | 工程部 | 任启涛 | | 已完成 | | |
| 10 | | 2018.9.22 | 2#梁场作业队上报冬季施工方案及物资材料储备计划、人员配置。 | 9月25日 | 2#梁场作业队 | 蒋裕强 | | 已完成 | 项目部属各作业队施工任务未按时完成，每项任务每超出一天，罚款2000元/天，多项任务超时，累加计算。 | |
| 11 | | | | | | | | | | |

制表：孙鹏娥　　审核：岳涛　　监督：李剑波

图 5-3-22　昌邦机场公路项目部“提质增效”工作任务责任清单

（4）做实民工工资管理

公司根据相关要求，采取“线上”与“线下”相结合的管理模式，深入落实民工工资管理工作。“线上”主要完成银行转账支付，具体是从劳务计价中剥离出民工工资，汇款到民工工资专户上，利用专户平台委托银行支付到提供银行卡的每一个民工工资卡上。“线下”强调完善手续，具体分三步，一是由办公室专人分月建立民工工资台账，掌握民工进出场等信息。二是建立由项目经理牵头，总会计师实施、办公室专人、现场领工员参与的管理体系，主要摸清各个班组完成实体情况及核实台账与现场实际是否吻合。三是邀请当地机场派出所见证民工现场签字、按指纹，并留下影像资料。通过这些措施，有效地保证了民工队伍的稳定及施工生产的顺利有序进行。

公司根据项目总体施工生产任务、工期、原材料总控计划等资料合理预计，整理出中铁二局昌邦公路三标段项目预计产值及现金流量表，清晰地指出了项目可能出现资金缺口的时间节点与金额，从而指导项目提前应对，加强验工计价工作，为项目施工生产的顺利有序进行提供有力的资金保障。

**昌邦机场公路项目协作队伍人员动态管理台帐**

单位名称：祁东县鑫昌建筑劳务有限公司　　　　10月

| 序号 | 姓名 | 性别 | 年龄 | 民族 | 身份证号 | 家庭住址 | 工种 | 施工地点 | 进场时间 | 出场时间 | 联系电话 | 备注 |
|---|---|---|---|---|---|---|---|---|---|---|---|---|
| 1 | [illegible] | 男 | 30 | 汉 | [illegible] | [illegible] | 现场负责人 | 米诺自然村 | 2018.2.25 | | [illegible] | 现场负责人 |
| 2 | [illegible] | 男 | 31 | 汉 | [illegible] | [illegible] | 现场负责人 | 米诺自然村 | 2018.2.25 | | [illegible] | 现场负责人 |
| 3 | [illegible] | 男 | 37 | 汉 | [illegible] | [illegible] | [illegible] | 米诺自然村 | 2018.4.22 | 2018.9.12 | | |
| 4 | [illegible] | 男 | 34 | 汉 | [illegible] | [illegible] | [illegible] | 米诺自然村 | 2018.4.19 | 2018.6.2 | | |
| 5 | [illegible] | 男 | 30 | 汉 | [illegible] | [illegible] | 吊车司机 | 米诺自然村 | 2018.3.24 | | | |
| 6 | [illegible] | 男 | 48 | 汉 | [illegible] | [illegible] | 现场负责人 | 米诺自然村 | 2018.4.20 | 2018.7.24 | | |
| 7 | [illegible] | 男 | 28 | 汉 | [illegible] | [illegible] | 吊车司机 | 米诺自然村 | 2018.3.24 | | | |
| 8 | [illegible] | 男 | 63 | 汉 | [illegible] | [illegible] | 现场负责人 | 米诺自然村 | 2018.4.18 | 2018.6.1 | | |
| 9 | [illegible] | 男 | 34 | 汉 | [illegible] | [illegible] | 钢筋工 | 米诺自然村 | 2018.3.6 | | | |
| 10 | [illegible] | 男 | 46 | 汉 | [illegible] | [illegible] | 普工 | 米诺自然村 | 2018.4.16 | 2018.7.18 | | |
| 11 | [illegible] | 男 | 49 | 汉 | [illegible] | [illegible] | 现场负责人 | 米诺自然村 | 2018.1.28 | | | |
| 12 | [illegible] | 男 | 34 | 汉 | [illegible] | [illegible] | 模工 | 米诺自然村 | 2018.3.7 | | | |
| 13 | [illegible] | 男 | 55 | 汉 | [illegible] | [illegible] | 模工 | 米诺自然村 | 2018.3.7 | | | |
| 14 | [illegible] | 男 | 52 | 汉 | [illegible] | [illegible] | 模工 | 米诺自然村 | 2018.3.7 | | | |
| 15 | [illegible] | 男 | 19 | 汉 | [illegible] | [illegible] | 模工 | 米诺自然村 | 2018.3.7 | 2018.9.9 | | |
| 16 | [illegible] | 男 | 39 | 汉 | [illegible] | [illegible] | 模工 | 米诺自然村 | 2018.3.7 | 2018.6.20 | | |
| 17 | [illegible] | 男 | 58 | 汉 | [illegible] | [illegible] | 模工 | 米诺自然村 | 2018.3.7 | 2018.9.9 | | |
| 18 | [illegible] | 男 | 52 | 汉 | [illegible] | [illegible] | 模工 | 米诺自然村 | 2018.3.7 | 2018.9.9 | | |
| 19 | [illegible] | 男 | 45 | 汉 | [illegible] | [illegible] | 模工 | 米诺自然村 | 2018.3.7 | | | |
| 20 | [illegible] | 男 | 47 | 汉 | [illegible] | [illegible] | 模工 | 米诺自然村 | 2018.3.7 | | | |
| 21 | [illegible] | 男 | 50 | 汉 | [illegible] | [illegible] | 现场负责人 | 米诺自然村 | 2018.3.1 | | | |
| 22 | [illegible] | 男 | 44 | 汉 | [illegible] | [illegible] | 模工 | 米诺自然村 | 2018.3.7 | 2018.9.16 | | |

民工工资动态管理台账

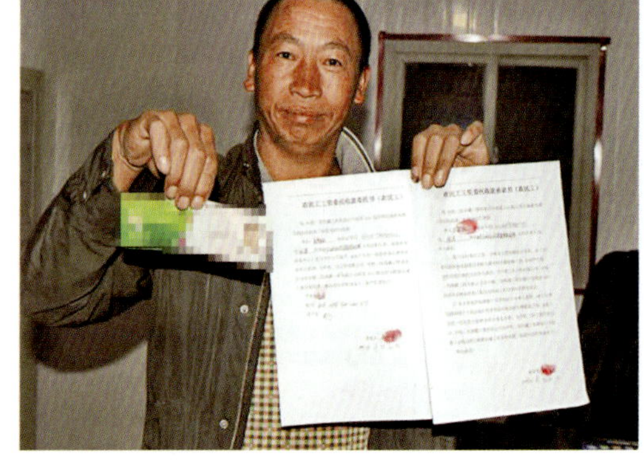

现场发放工资卡影像

图 5-3-23　民工工资保障组图

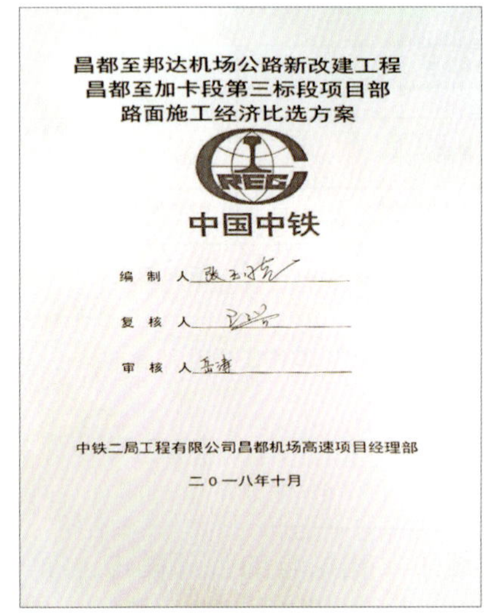

昌都至邦达机场公路新改建工程
昌都至加卡段第三标段项目部
路面施工经济比选方案

中国中铁

编　制　人
复　核　人
审　核　人

中铁二局工程有限公司昌都机场高速项目经理部

二〇一八年十月

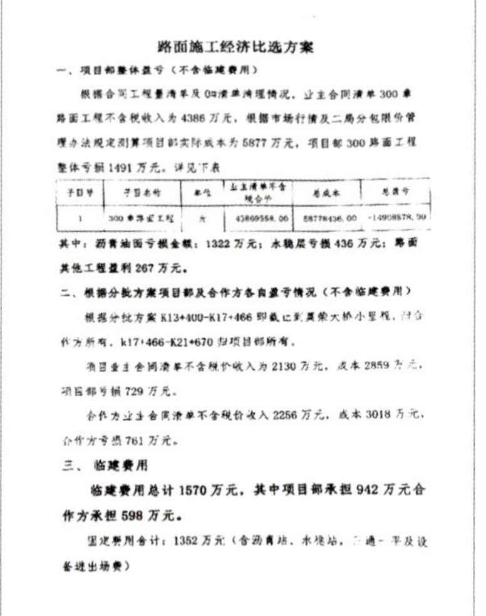

**路面施工经济比选方案**

**一、项目部整体盈亏（不含临建费用）**

根据合同工程量清单及0#清单清理情况，业主合同清单 300 章路面工程不含税收入为 4386 万元，根据市场行情及二局分包限价管理办法规定测算项目部实际成本为 5877 万元，项目部 300 路面工程整体亏损 1491 万元。详见下表

| 子目号 | 子目名称 | 单位 | 业主清单不含税合价 | 总成本 | 总盈亏 |
|---|---|---|---|---|---|
| 1 | 300 章路面工程 | 元 | 43869558.06 | 58778436.00 | -14908878.90 |

**其中：沥青油面亏损金额：1322 万元；水稳层亏损 436 万元；路面其他工程盈利 267 万元。**

**二、根据分批方案项目部及合作方各自盈亏情况（不含临建费用）**

根据分批方案 K13+400-K17+466 卸载 [illegible] 大桥小里程，归合作方所有，k17+466-K21+670 归项目部所有。

项目业主合同清单不含税价收入为 2130 万元，成本 2859 万元，项目部亏损 729 万元。

合作方业主合同清单不含税价收入 2256 万元，成本 3018 万元，合作方亏损 761 万元。

**三、临建费用**

**临建费用总计 1570 万元，其中项目部承担 942 万元合作方承担 598 万元。**

固定费用合计：1352 万元（含沥青站、水稳站，[illegible]及设备进出场费）

图 5-3-24　路面施工经济比选方案

（5）谋划二次经营

公司一方面利用图纸修编的机会，优化设计，如施工图会审期间提高连续刚构水中主墩承台标高减少措施费，提高一般跨河桥梁水中墩桩系梁标高的设计优化，以减少水中施工。提出设计变更，如变更临水的方形抗滑桩为普通孔桩，减少人工挖孔安全风险和降低成本、在连续刚构措施费投入一定的情况下加长桩长，以减少措施费摊销。针对路面由于不平衡报价及材料市场价高于投标信息价的情况，从一进场就开始策划减亏措施。考虑到全线四个标段总共 28 千米，如果各自建站均会亏损，加之三标段占全线路面体量的 45%，为此项目编制了各种组织模式下的成本比选，最终决定采用以买料的方式组织实施。

虽然项目管控面临诸多挑战，但公司一直坚持“干、算、钱、网”的经营思路。“干”指用二局的制度干好业主的事情；“算”指一方面指收入——清单收入、二次经营、保险收入；另一方面指支出——利用责任成本核算和经济活动分析及时对项目支出纠偏；“钱”指编制项目全周期模拟现金流，提前找准项目资金缺口的时间段，提前策划，化解风险；“网”指通过干好在建的项目，建立产品营销网络。

## （五）工程亮点

1. 综合环水保理念

依托混凝土拌和站，该标段打造综合环水保理念，主要体现在：

（1）分区域硬化

拌和站场地根据使用功能分区域处理，对于受力部位采用混凝土，对于其他部位采用草皮，减少复耕的环境破坏。

（2）拌和机的选型

拌和机采用装配式主机，安装、拆卸时间快、减少临时用占用时间。

（3）全封闭

采用封闭式料仓，防止在装料时扬尘，并在水泥罐上面安装脉冲式除尘器，减少扬尘对环境的污染。

（4）循环水

拌和站内设置 5 级沉淀池循环利用废水，供洒水车降尘。

图 5-3-25　施工现场

2. 智能化梁场

（1）占地少

在保证工期和质量的前提下，压缩梁场的使用面积，做到分区域、分功能、流水作业，减少占地面积。

（2）智能化

梁场采用自动喷淋系统，即喷淋系统根据梁的温度和湿度自动喷淋，一方面做到了精准养护，保证了梁的质量，另一方面也节约了水资源。

3. 连续刚构施工

侧格 2 号大桥连续刚构是控制性工程，且为全线唯一特殊结构桥梁，施工工期长，难度大，通过标准化施工、施工场地总体布置，提升施工效率，打造项目施工亮点。

4. 二维码 + 民工工资管理系统

（1）现场设置二维码扫描系统，加强现场人员交底覆盖率。

（2）针对项目地处昌都市周边，施工高峰期民工人数达 700 ~ 800 人，有维稳压力大、民工更换率较高等不利因素。为切实维护民工权益，保证施工队伍稳定，杜绝由于劳资纠纷引起的各类事件，保持良好的企业形象，该标段项目部编写《中铁二局昌邦公路三标段项目民工工资发放管理细则》。细则以民工工资发放管理流程图及流程说明为基础，成立民工工资发放管理工作小组，明确管理工作内容、部门及人员职责，规定各项管理工作完成时间节点，完善各类资料格式及管理建议，理清民工工资发放管理思路，制定民工发放措施。

## 四、土建四标

### （一）参建单位简介

中铁七局集团有限公司，是中国中铁旗下骨干企业，拥有铁路、建筑、公路工程施工总承包四项特级，以及市政、机电安装工程施工总承包一级等 130 余项施工资质。经过多年来的发展，中铁七局逐步成长为覆盖铁路、公路、市政、城市轨道、房建及房地产开发、物资贸易、投融资、勘察设计等业务，足迹遍布全国各地以及海外近20个国家，年签合同额850亿元以上、营业额460亿元以上。

多年来，该公司持续推动项目管理升级和企业管理全面升级，先后参与了京张、京广、郑西、郑徐、浩吉、青藏、兰渝等多条高速铁路、重载铁路和重要铁路建设，完成了一大批高速公路、地铁、市政、房建、通信、电力等重点工程施工。合同履约率100%，质量合格率100%，多次被评为“中国500家最大经营规模建筑业企业”“铁路、公路、隧道、桥梁建筑业100家最大经营规模企业”“全国优秀施工企业”“全国最佳施工企业”“全国守合同重信用企业”。先后获得“鲁班奖”、詹天佑奖和国家优质工程奖50余项、省部级优质工程奖160余项。

### （二）项目概况

该公司承建的合同段为昌加改造工程项目第四标段，起讫桩号：K21+670～K27+600，线路全长5.93千米。该项目位于昌都市经开区境内，路线起于加卡村西北侧澜沧江东侧河岸，多次跨越澜沧江、国道214线，经捏大桶止于梯贡村西侧。

该标段的主要工程内容有，路基工程：主线路基总长1194.3米，加卡互通路基总长650.07米，挖方24.51万立方米，填方32.04万立方米。桥梁工程：侧格3号特大桥（左幅1205.2米，右幅1295.3米）/1座，加卡1号大桥、加卡2号大桥、达学大桥、梯贡大桥计2453.2米/4座，加卡A匝道桥、加卡B匝道桥、加卡C匝道桥、L匝道1号桥、L匝道2号桥计782.03米/5座。桩基共计14464延米。隧道工程：加卡隧道460米，捏大桶隧道702米，正洞开挖23.3万立方米，隧道初支混凝土1.81万立方米，二衬混凝土2.51万立方米，仰拱及仰拱回填混凝土2.38万立方米。互通区：加卡互通区1处。涵洞通道：盖板涵1－2×2/1道，盖板涵1－3×3/5道，计144.28

图5-4-1　四标上面层试验段

图5-4-2　指挥部联合大检查

延米/6道。路面工程：底基层3.52万平方米，基层3.89万平方米，沥青面层16万平方米。防护工程：2.0米×3.0米，C30混凝土抗滑桩540米，锚杆格梁（框架）1110.06立方米，T梁预制1095片。

## （三）标段重、难点

1. 桥梁工程

（1）桩基

该标段桥梁工程共7次跨越澜沧江，桩基总计442根，其中水中桩基124根，水中桩基直径2.4～2.7米，且桩基深度为40～56米，尤其是直径2.7米直径的水中桩基工艺标准要求高，施工难度大。在每年的5～10月为澜沧江汛期，水位涨幅较大，最大水位与既有G214国道几乎齐平，造成水中桩基施工难度大，筑岛围堰多次被冲毁。

为加快水中桩基施工，项目部大胆采用旋挖钻施工，较传统冲击钻提高施工效率15～20倍，利用有限的水位下降时间完成了水中桩基施工。针对大直径钻孔桩施工质量控制，项目部成立QC攻关小组，解决了在澜沧江上游震荡性地层中大直径钻孔桩施工常见质量通病的出现，确保了大直径钻孔桩的施工质量。

图5-4-3　施工现场图

（2）盖梁

该标段最大盖梁位于加卡 1 号大桥 5# 墩，此盖梁为无预应力混凝土盖梁，盖梁设计长度 38.49 米，高 2.8 米，宽 2.7 米，浇筑混凝土 286.7 立方米，盖梁重量 745 吨，墩高 15 米，且墩柱位于河道中，盖梁下只有三个支点，传统的落地支架难以实施。经多次研讨，确定临时支架采用贝雷片拼装而成，但墩柱两侧的贝雷片如何加固且不扭曲又成为过程中的一大难点。经项目部多次验证，最终采用精轧螺纹钢两侧带卡扣的方式得以解决，此项申报实用新型专利且已获得授权。

2. 捏大桶隧道

（1）方案论证

捏大桶隧道所在区域地形主要为澜沧江窄谷地貌，进口段围岩主要为强风化泥岩、卵石，岩体极破碎，呈碎裂状或散状结构，围岩埋深较浅，稳定性差，无自稳能力，隧道开挖易产生坍塌。如按常规施工方法，施工难度大，洞内施工工序较多、施工时间过长。实施过程中除施工效率低、安全保证度不足外，还可能出现施工工况无法完成等情况。

项目部针对此困难，研究实施新的技术方案和工法，要求既能保证经济合理的环保要求，又能安全快速施工节约资源，同时可应用于公路、铁路、市政等极破碎散体状围岩浅埋隧道的施工。

项目部组织业主、设计、监理及相关外部专家多次召开方案论证比选，针对以下几点进行相关技术攻关：

一是收集和分析国内相关的研究成果，结合所研究隧道相关的设计资料，针对极破碎散体状围岩浅埋隧道施工，采用方案预先分析在过程中不断调整，通过监控量测数据分析围岩及初支变形，评价采用三台阶掏槽开挖预留核心土，加强超前支护，初支采用两紧跟即拱架紧跟掌子面，初支仰拱紧跟下台阶，缩短台阶长度和仰拱及时封

图 5-4-4 昌加改造工程项目第四标段捏大桶隧道右线顺利贯通

闭成环方法的可行性。

二是对隧道洞顶浅埋段实际施工状态下的地表沉降、洞内拱顶下沉和水平收敛实测数据进行分析，分析地表沉降、洞内拱顶下沉和水平收敛随着时间的变化规律，评价洞内施工稳定性。

三是对比分析常规施工技术与该项目方案施工技术，制定“三台阶 + 锁脚锚管 + 超前小导管（自进式锚杆）+ 掏槽开挖 + 快速安装拱架及喷射混凝土 + 封闭成环”极破碎散体状围岩浅埋隧道的实施方案，研究超前小导管（自进式锚杆）作为超前支护的可行性。

四是通过“三台阶 + 锁脚锚管 + 超前小导管（自进式锚杆）+ 掏槽开挖 + 快速安装拱架及喷射混凝土 + 封闭成环”极破碎散体状围岩浅埋隧道施工技术的总结，形成极破碎散体状围岩浅埋隧道快速施工技术的施工工法。

通过对以上 4 点的理论及现场实际验证，捏大桶隧道极破碎散体状围岩浅埋隧道最终确定采用“三台阶 + 锁脚锚管 + 超前小导管（自进式锚杆）+ 掏槽开挖 + 快速安装拱架及喷射混凝土 + 封闭成环”提高施工效率，简化施工工序，保证了极破碎散体状浅埋隧道施工安全和结构外观质量，适应了项目建设的要求。

（2）施工重点

①为保证隧道冬季施工，该项目建立了完善的、充分的供暖、防寒、保温设施，保证人员机械设备和施工的正常运行。在低温状态下，混凝土施工要对原材料进行预加热，提高混凝土的出料温度。加强洞内及运输过程中的保温工作，减少热量散失。选择合适的速凝剂、早强剂、防冻剂，使喷射混凝土达到速凝、防冻、早强的效果。洞口设保温布帘和加热设备保证洞内温度。

②由于气压低、缺氧、寒冷、多风，内燃机机械功率损失较大，防冻启动较难。尽量少用内燃机设备，多用电动或风动机械。尽量用机械化施工代替人力施工，减少施工人员，减轻劳动强度，提高劳动效率。

③隧道施工通风保证。坑道中氧气含量按体积计不应小于 20%，一氧化碳一般情况下不大于 30 毫克 / 立方米；隧道施工通风最大风量应保证每人每分钟供应新鲜空气 3 立方米，采用内燃机械作业时，1 千瓦供风量不宜小于 3 立方米 / 分钟；风速在全断面开挖时不应小于 0.15 米 / 秒，坑道内不应小于 0.25 米 / 秒。隧道施工通风机械应选择大容量、低能耗、高效率的通风机，采用混合通风方式，通过接长风管和串联风机保证送风压力。为保证氧气含量，隧道施工应配备一定数量的补氧设备和医疗保健设施。

## （四）施工管理

1. 质量管理

（1）质量管理原则

为确保工程建设质量，该标段进一步推进标准化管理，规范项目质量管理行为，根据《中华人民共和国建筑法》《建设工程质量管理条例》以及国家的其他有关法律、法规、标准等，结合项目实际情况，对该工程的质量提出严要求，制定高标准，设置质量管理机构，建立完善了质量管理体系，制定了科学有效的质量保证措施。

（2）质量目标

按照验收标准要求，各检验批、分项、分部工程施工量检验合格率 100%，单位工程一次验收合格率 100% ；

减少质量通病，杜绝工程质量一般及以上等级事故；

减少施工一般不良行为，杜绝重大不良行为；

管段内工程一次成优，争创省部级、国家级优质工程。

图 5-4-5 试验专项检查组图

（3）组织措施

该标段实行项目经理部和工区二级管理模式。项目部设立质量管理部、安全环保部、工程技术部、物资设备部、工经部、财务部、协调部、综合办公室、中心试验室和精测队等职能部门。在工区设质量管理部（在作业队配置质检人员），配备质量负责人和专职质检员，负责工区的质量管理工作。

经理部主要质量职责为负责全管段工程质量监督管理，加强分包工程质量监督管控，确保国家、行业、建设、监理等单位关于工程质量方针、条例、规定和要求的落实，定期对工程质量进行检查，实施指导和评比，指导、监督落实相关质量培训与实施工作，促进质量自控体系有效运行。

工区及作业队质量职责为负责工程施工现场的质量控制，实施相关质量规范、标准和设计要求，严格分包队伍管理，创造优质产品。具体负责施工过程中质量形成过程的检查与管控，按照“跟踪检测”“复检”“抽检”实施检测工作。严格控制每个工点、每道工序的工艺工法、质量保证措施等，落实培训工作，发现问题及时处理，不能处理的及时上报，做到把质量事故消灭在源头，把质量事故的发生概率降到最低。

施工过程中严格落实“三级”技术交底制度，即项目总工向全体人员交底，工程部长向全体技术人员交底，技术人员向作业层人员、领工员进行详细交底。全面落实质量“三检”制（自检、互检、交接检）。

同时加强班组长质量责任制，工班长是质量管理的前沿和终端，是工程实体的实际操作者和质量要求的具体实施者，负责梳理管段内关键工序环节，建立关键工序清单，并制定针对性实用性较强的作业指导书、作业控制要点、质量安全注意事项、质量验收标准。选择、明确关键工序是班组长的质量责任。通过培训考试，合格后颁发上岗合格证后，才能持证上岗，并与工区长签订质量责任书。

（4）管理制度

该标段建立和落实了工程质量领导责任制，由工区负责人对所属管段工程施工质量具体负责。建立了工程质量分级责任制。各级管理机构严格按照设计图纸、施工规范和施工合同组织施工。对承担的重点、难点工程的施工质量实行逐级负责制，各级管理负责人和技术负责人对施工质量负相应的管理责任和技术责任，并通过质量责任分解落实到各个岗位和员工，形成全员、全方位、全过程质量管理体系。

此外，该标段还建立了工程质量终身负责制。工区有关人员按各自职责对承建工程质量负终身责任。对具体负责项目的管理、技术、作业人员（班组长）进行质量责任登记，并在施工现场显著位置予以明示。按照要求设置监督电话告示牌，公布工程质量监督部门的名称、举报电话等信息。各级管理负责人和技术负责人、质检人员、测量试验人员等对工程质量负相应管理、监督和技术责任。

2. 安全管理

（1）安全管理机构

为实现安全生产目标，该标段建立了三级安全管理体系，设立了以工区负责人为第一责任者的安全生产领导小组，工区设安全总监，配备专职安检工程师。作业队设立以队长为首的安全生产组织，下设专职安全检查员，工班设兼职安全员，形成自上而下的安全生产监督、保证体系，对施工生产实施全过程安全监控。安全生产领导小组负责制定施工安全技术措施和方案，定期对全员进行遵章守纪的安全教育，提高和增强全员安全意识，建立、完善各级安全生产责任制，明确各级管理人员的责权，抓好逐级负责制的落实。

（2）安全保证体系

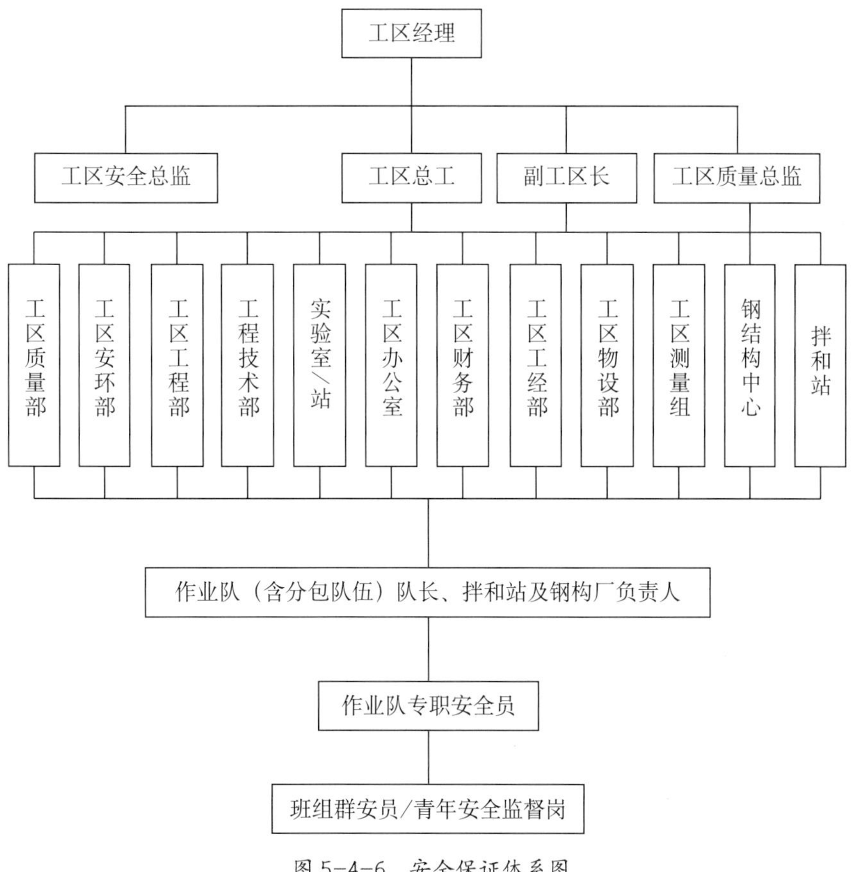


图 5-4-6 安全保证体系图

（3）安全管理制度

①安全技术措施制度。

第一，项目部和工区在工程开工前对所承担的工程项目进行危险源辨识和确认，对四新项目进行补充辨识，并针对工程项目特点和重大危险源，科学评估可能发生的事故种类及其严重性、可控性和影响程度，编制如坍塌、高坠、有毒有害气体中毒、触电、火灾、爆炸等应急救援预案。

第二，对于编制的实施性施工组织设计，经上一级工程管理部门、业主或监理审批后实施。在实施过程中如有变更，及时完善施工组织设计和履行相应手续，保持实施性施工组织设计的规范性和严肃性。

②安全技术交底制度。

第一，施工队伍进场后，项目部和工区履行安全技术总交底职责。

第二，员工上岗前，负责具体项目的施工技术负责人和安全生产管理人员，做好员工岗位安全操作规程交底工作，和分部分项工程的安全技术交底。

第三，安全管理人员必须做好转岗人员的安全技术交底。

第四，各项安全技术交底内容做到完整、有针对性。

③安全生产费用投入及使用制度。

第一，项目部和工区设置安全生产费用专用账户，做到专款专用，按规定使用，不得挪用、挤占。年度结余资金结转下年度使用。

第二，安全生产费用来源：建设工程施工企业以建筑安装工程造价为计提依据，公路工程按合同造价的 1.5% 提取。

第三，把安全费用形成的资产，纳入相关资产进行管理。

④安全生产检查制度。

第一，项目部成立领导小组，对安全生产工作实施定期、专业检查。

第二，对检查工作制定相应计划，明确检查要求和目的，按照该公司“三标一体”的管理体系和企业安全生产标准化相关要求进行查验工作。

第三，对检查发现的问题，下达《安全质量检查记录》，提出整改要求，落实人员职责，限期整改关闭，对于一时不能解决的问题说明原因或上报上级单位请求帮助解决。

3. 工期控制措施

（1）工期保证组织机构

①设立工期保证领导小组。

工区成立以工区负责人为组长，工班长、工区技术负责人、各部(室)部长(主任)、技术主管为成员的工期保证领导小组，定期召开会议，研究工程进展情况，制定保证施工进度的方案和措施。由领导小组组织技术员、领工员、工班长落实，保证工期计划达到预定要求。

②建立工期保证体系。

第一，建立健全工期保证体系，该项目部从组织上、制度上、技术上、经济上和

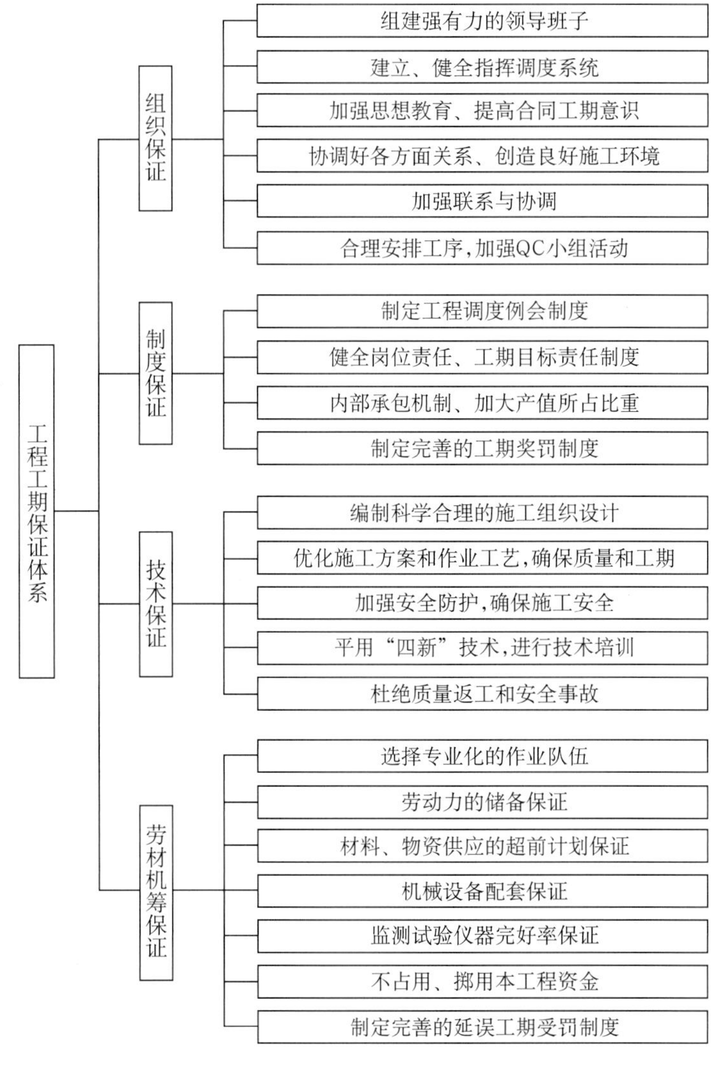


图 5-4-7　工期保证体系框图

劳材机上保证工程按施工进度计划顺利实施。在施工过程中，完善管理机制，确保工期保证体系有效运行。加强工程施工调度，结合工程进展及时调整进度计划，力争加快工程进度，提前实现工期目标。

第二，做好施工准备工作，精心编制实施性施工组织设计，科学组织施工，运用网络计划技术，实行动态管理，及时调整各分项工程的进度计划和机械、劳力配置。

（2）保证工期的技术措施

①编制好实施性作业指导书及技术交底。

以保证施工安全、工程质量为重要前提，该标段项目部加强施工计划的科学性，运用网络技术、系统工程等新技术，根据标段工程特点、现场实际情况等编制详细的、切实可行的实施性作业指导书，选择最优施工方案。编制实施性施组时，总体方案及分项工程方案优先考虑工期的要求，在满足工期的前提下选择最佳方案。

②积极推广先进经验和先进技术。

该标段积极推广先进经验和先进技术，向“四新”要质量、要进度。墩台采用大块模板施工，确保质量，提高效率。

③施工组织不断优化，实行网络化管理。

在施工组织中，该标段进一步优化和及时编制实施性施工组织设计及各工序的施工工艺细则，并根据施工情况变化，不断进行改进、优化。建立了从指挥部到各生产单位的调度指挥系统，实行动态网络管理，全面及时掌握并迅速、准确处理影响施工进度的各种问题。编制分阶段和月度网络计划，及时确定阶段工作重点。应用微机进行网络计划管理，使项目实施处于受控状态。不断加强作业循环调研工作，从压缩各工序时间、加强工序衔接管理入手，减少每一循环时间，增加全月、全年的循环次数。

（3）工程进度的监控方法

该标段项目部采用工程计划管理软件，编制实施性施工组织方案。根据总体网络计划，编制施工进度计划。施工中，保证项目及各项工程活动按计划推进，并对各个工程活动做记录。在各个阶段（月末、季末、一个工程阶段）结束后，评定项目进度状况，分析其中的原因，保证关键线路上的工作顺利实施。对下期工作做出安排，建立新的网络工序线路，指导施工。

在施工进度管理中，该标段采用投资指标监控法、形象进度监控法、单项进度指标监控法、关键线路网络监控法。对关键工序、关键项目强化跟踪指导，跟踪监测等一系列监控手段进行进度管理。

# 第六篇 科技创新篇

# 概 述

在昌加改造工程项目中，各参建单位积极探索，勇于担当，施工过程中不断总结引用新工艺、新技术和新管理办法，如用覆盖保温、蒸汽养护的工艺工法适应高寒、低温地区的混凝土高效浇筑、智能化梁场的使用、“二维码＋民工工资管理系统”应用、多种先进监测设备和智能平台的投入使用等，把科技、创新、绿色等多种元素融入工程建设中，展现了各参建单位的智慧和建设实力，也给该项目注入了新鲜的建筑血液，带动了西藏交通、经济的发展和社会进步。

# 一、研究适应高寒低温环境的技术应用

在施工工艺方面，该项目致力于把新工艺、新方法不断应用在施工中。经过多年的经验积累、总结，形成了一套技术成熟、可操作性好，在高寒地区、低温等复杂环境下能高效、优质完成混凝土浇筑的施工方法，如覆盖保温、蒸汽养护的工艺工法，

图 6-1-1　昌加改造工程项目野堆 3 号特大桥的不同视角组图

在桥梁横隔板、湿接缝施工中，全部采用PVC塑料材质模板，成型后不仅外观漂亮、质量优良，且循环利用次数比普通竹胶板多出4倍以上，既节约材料，又环保节能。

在建设工程方面，项目部认真按规范要求组织施工，加强过程管控，打造精品工程。野堆3号特大桥总长2008米，下部结构桥墩采用双圆柱式墩、钻孔桩基础，桥台采用U形桥台、扩大基础，桥梁两次横跨澜沧江，其工程量大、施工难度大，其高原地区的各项施工工艺、方法等均具一定的代表性，把野堆3号特大桥建成了中铁十五局集团有限公司的优质工程，为后续类似工程提供了良好借鉴。

在设备投入方面，该项目采用型钢式的钢结构钢筋棚，可拆卸重复利用，此钢筋棚已在其他项目建设中使用过，昌加项目是第三次重复利用，节约了成本。两个梁场16个龙门吊用电均采用单极铜滑触线，可经受多种环境条件考验，且绝缘性能良好，对检修人员触及输电导管外部无任何伤害，输电导轨导电性能极好，散热较快，线路损失小，结构简单，电流密度高，电阻率低，可节电6%左右。

## 二、大盖梁施工技术应用（桥梁迈达斯建模保障）

### （一）大盖梁情况

表6-2-1 大盖梁情况表

| 桥 | 数量 | 长（m） | 宽（m） | 高（m） | 每个盖梁混凝土方量（m³） | 每个盖梁钢筋（T） |
|---|---|---|---|---|---|---|
| 野堆1号大桥 | 3 | 23.6 | 2.7 | 2.8 | 172.3 | 35.45 |
| 野堆3号特大桥 | 5 | 23.6 | 2.7 | 2.8 | 172.3 | 35.45 |
| 卡若大桥 | 6 | 23.6 | 2.7 | 2.8 | 172.3 | 35.45 |
| 蒙普1号大桥 | 6 | 23.6 | 2.7 | 2.8 | 172.3 | 35.45 |
| 蒙普2号大桥 | 5 | 23.6 | 2.7 | 2.8 | 172.3 | 35.45 |
| 侧格3号特大桥 | 7 | 23.6 | 2.7 | 2.8 | 172.3 | 35.45 |
|  | 2 | 28.1 | 2.7 | 2.8 | 211.3 | 40.79 |
| 梯贡大桥 | 2 | 23.6 | 2.7 | 2.8 | 166.5 | 32.96 |
| 加卡1号大桥 | 5 | 38.49~29.27 | 2.7 | 2.8 | 286.7~219.9 | 61.88~42.03 |

图 6-2-1 项目最后一个盖梁完成（蒙普特大桥）

## （二）技术介绍

在该项目中，盖梁采用“$\phi$150 毫米钢棒 + 工字钢主梁 + 分配梁 + 钢管柱 $\Phi$529 × 1.2 厘米”体系。

承重梁采用单边双拼 I56b 工字钢，支撑于 $\phi$150 毫米钢棒之上，最大跨径为 11.4 米。分配梁采用 I14b 工字钢，直接支撑于承重主梁之上，间距为 50 厘米一道。为满足盖梁支撑结构稳定，在盖梁最大跨度设置钢管柱支撑结构，支架共设置 5 根钢管柱，直接支撑于中系梁上。

## （三）技术作用

在我国的桥梁建设中，23.6 米 × 2.8 米的大盖梁比较少见，而在昌加改造工程项目中则是最大的盖梁结构体系。在施工方案设计优化阶段，使用桥梁迈达斯软件对方案中承重各构件进行结构建模，根据现场实际的最不利受力状况进行应力和变形计算，验算每个受力构件的强度、刚度以及整体稳定性，对相关构件进行优化设计，使施工方案最大限度达到安全、经济、合理建设的目标。

该项目中，大盖梁施工方案使标段内 41 个大盖梁在安全、质量、工期方面得到了保障，其中跨中挠度控制在 1 厘米以内。

# 三、智能化施工技术的应用

## （一）智能化梁场

1. 占地少

在保证工期和质量的前提下，该项目压缩梁场的使用面积，做到分区域、分功能流水作业，减少占地面积。

2. 智能化

采用自动喷淋系统，即喷淋系统根据梁体的温度和湿度自动喷淋，一方面做到精准养护，保证梁的质量，另一方面也节约了水资源。

## （二）连续刚构施工

侧格2号大桥连续刚构是控制性工程，且为全线唯一特殊结构桥梁，施工工期长、难度大，该项目通过总体布置施工场地，依托标准化施工，打造工程亮点。

图6-3-1　侧格2号大桥架梁

### （三）二维码 + 民工工资管理系统

（1）现场设置二维码扫描系统，加强现场人员交底覆盖率。

（2）项目地处昌都市周边，施工高峰期民工人数达 700 ~ 800 人，针对民工更换率较高、维稳压力大等不利因素，为切实维护民工权益，保证施工队伍稳定，杜绝因劳资纠纷引起的各类事件，保持良好的企业形象，该项目部编写了《中铁二局昌邦公路三标段项目民工工资发放管理细则》，成立了民工工资发放管理工作小组，明确工作内容和职责，确保民工工资及时发放到位。

## 四、信息化管理体系的应用

### （一）建立信息化管理体系

（1）按照该项目有关“项目信息管理和项目监控”的要求，为了更好地统一指挥、协调、管理和监督施工任务，该项目部在施工中建立并采用项目信息管理系统和项目监控系统，实现项目各项工作的可控性。

（2）该项目设置项目指挥部，各个项目分部负责收集所需的原始数据，并上传至项目指挥部相关部门，然后经过指挥部相应部门对收集的数据进行加工处理，从而能够更好地控制项目的费用、进度及质量等。

### （二）信息化管理要求

通过在建设项目管理中全过程、全方位使用、优化和拓展“公路建设项目管理信息系统”平台，该项目采用公路工程综合管理信息平台，实现项目网络化管理，作为标准化管理的重要支撑和保障。

### （三）信息化管理保证措施

该项目采用公路项目综合管理信息平台系统进行信息化管理，其中编码、工程分解、计划进度、验工计价、安全管理、质量控制、工程调度以及其他项目管理所需的数据传输、交换等达到满足指挥部对“公路建设项目管理信息系统”的要求。该项目管理软件的主要功能有：

（1）项目岗位管理：根据企业的组织结构和项目部的组织结构，对与信息系统相关的工作岗位及工作权限进行设置。

（2）建立项目的组织分解结构（OBS）：定义工作岗位，包括职责、技能，建立系统的角色体系；记录项目范围内全部参与人员的个人信息；自上而下地设置人员、角色、岗位、部门与操作权限之间的关联，完成权力分配或修改（任命/授权）；提供人员、角色、岗位、部门、权限与业务功能模块的对照表。

（3）项目规划管理：在项目初期，根据项目的内容与范围，建立项目管理标准的过程。基本功能为根据项目定义和范围，建立项目分解结构（WBS）；根据组织结构，建立组织分解结构（OBS），设置管理与应用权限；根据项目分解结构（WBS），编制项目进度计划，编制项目时间管理基准线；根据项目分解结构（WBS）和投资概算，编制项目的施工预算；根据项目进度计划和项目施工预算，编制项目成本管理基准线。

（4）项目进度管理：为了在规定的期限内完成项目，建立项目进度计划，实施项目进度控制，并根据项目规划管理提供的项目时间管理基准线，进一步细化项目活动，形成具体的、与业务关联的、可控的施工时间标准，以适应不同应用层次(范围、深度)的项目进度管理工作等。

（5）项目成本管理：为了在规定的预算内完成项目，对项目成本进行评估、预算、控制，能够根据项目规划管理，提供项目成本管理基准线，进一步细化项目内容，形成具体的、与业务关联的、可控的施工成本标准等。

（6）工程质量管理：为了满足项目的质量要求，对项目进行检查、试验、控制，以ISO 9001为基础的质量管理体系标准，建立质量管理计划，跟踪质量管理计划的变更，按项目内容、进度分解质量要求，形成质量控单元等。

（7）项目合同管理：为了保证合同各方履行合同条款，对合同的执行、变更进行审查处置。建立合同制订、合同督办、合同变更、合同评审、合同收尾、合同后续事项等合同管理流程，能够与招投标、进度管理、成本管理、采购管理系统共享数据等。

（8）物料采购管理：为了取得项目资源，对项目物资与设备的采购工作进行管理。建立项目物资、设备编码及其采购工作流程，对设备选型、招标采购、签订合同、制造期监造、工厂试验、放行、运输在途、现场验收、库存、安装、试验调试、试运营、运营维护等全过程监控，提供物资与设备的查询、统计、报表功能，能够与合同管理、进度管理、成本管理、招投标管理系统等共享数据。

（9）财务核算管理：为了向会计系统软件提供相关数据，对工程价款收支进行管理。支持对上、对下工程价款结算与支付业务，根据会计科目与概预算项、合同支付项的对应关系，提供自动产生会计凭证，并可对合同预付款、进度款支付、保留金扣款、其他扣款等事项实施查询。提供项目占用固定资产的管理功能，对固定资产的使用、维护及其价值变化过程进行跟踪。

（10）安全生产管理：为了避免安全事故，对项目涉及范围内的不安全因素进行有效控制。建立适用于业主、监理及承包单位的项目安全管理体系。编制、审查及批准综合安全管理计划，包括：安全教育计划、工地检验计划、安全管理成本使用计划，并对计划执行情况进行监控。收集建设工程项目中安全事件记录，进行统计、分析和报告。

（11）竣工资料管理：为了项目竣工验收，对项目全生命周期的相关文件进行归档、保存、销毁。项目资料包括：项目参与方来往函件、设计与施工图纸、规范及标准，试验段、试验设备与指定工点的原始资料及测试、试验、分析资料，供应商提供的文件，外部与项目有关的参考资料。资料包含文字、音像、视频等多种格式。

## 五、先进检测手段的应用

### （一）采用先进的检测设备

为保障施工质量，该项目使用价值6000多万元的检测装备，对各项施工指标进行现场检测，部分国际先进设备为：

（1）材料试验设备：GTM旋转剪切压实仪、MTS材料试验机、SHRP沥青试验设备、车辙试验仪、锚具静载试验系统、全自动橡胶支座试验系统（2000吨）。

（2）现场检测设备及软件：桥梁检测车、多功能道路检测车（平整度、车辙、路面破损、构造深度）、智能检测车、缆索智能检测机器人、无损探伤技术相控阵、管养宝、远程观测系统、三维激光扫描仪、无人机、红外成像仪。

SCRIM 横向力测试车、FWD 弯沉测试车、路面自动弯沉车、路面探地雷达、沥青路面无核密度仪、GSSI SIR-3000 地质雷达、桩基静载试验系统、PIT 桩基检测仪、自动超声波检测仪、GPS、TCA2003 测量机器人、自动水准仪。

## （二）应用全国先进的公路养护信息管理平台

该项目从公路养护与运营管理的实际需求出发，运用现代管理科学的理论、系统的规划分析方法和现代信息技术解决公路养护管理工作中遇到的各类养护和管理问题，依托科技人才优势和广东省交通集团的路网资源，率先提出并建设把大数据、云计算、物联网、移动互联、人工智能等新一代信息技术与养护管理实体经济深度融合

预应力锚固综合试验台（900T）

橡胶支座压剪试验机（2000T）

多功能检测车（国产）

桥梁检测车（意大利百灵）

桥梁检测车（恒润高科）

横向力系数测试车

落锤式弯沉仪

自动弯沉车

图 6-5-1　公路养护机械设备（一）

的公路养护信息管理平台，使其达到科学管理公路资产、节约养护资金，提高公路养护管理信息化、专业化和科学化水平，提升公路服务能力的目的，让出行更安全、行程更舒适、交通更通畅、养护更便捷。

多功能检测车（美国）

车载式路面雷达车 IRIS（美国）

cooper 材料试验机

GTM 旋转剪切压实试验仪

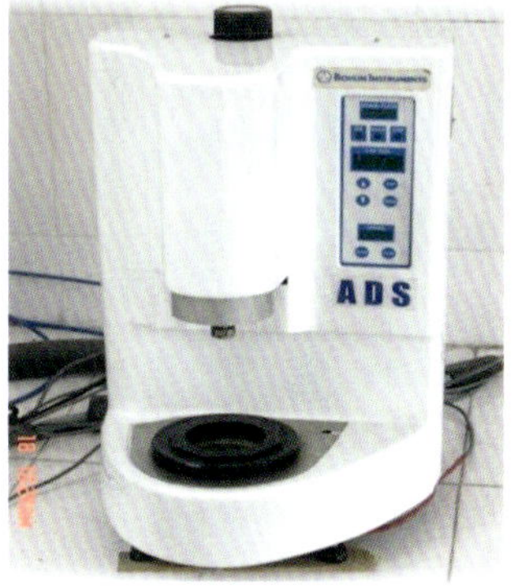


美国 SHRP 动态剪切试验仪

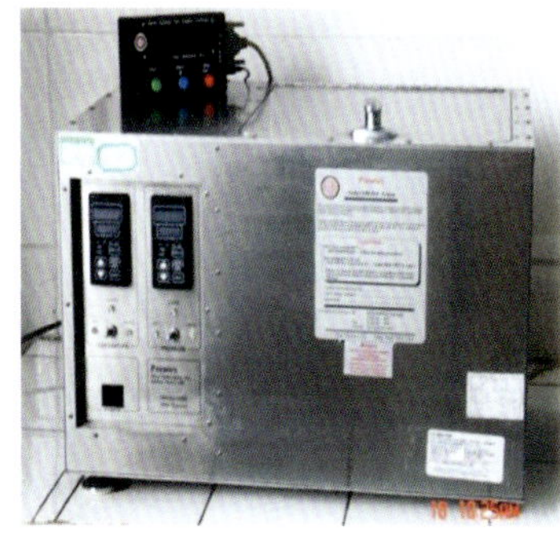

美国 SHRP 压力老化试验仪

多腔体高温飞散试验机样机

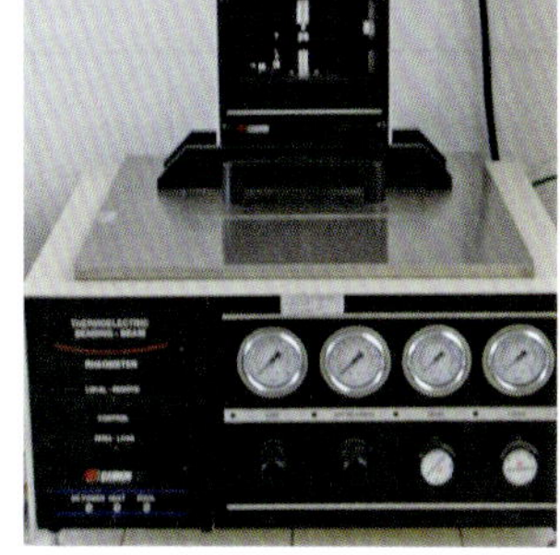

美国 SHRP 弯曲梁流变试验仪

图 6-5-2 公路养护机械设备（二）

图 6-5-3　智能检测车工作照（1）

图 6-5-4　智能检测车工作照（2）

图 6-5-5　缆索智能检测机器人

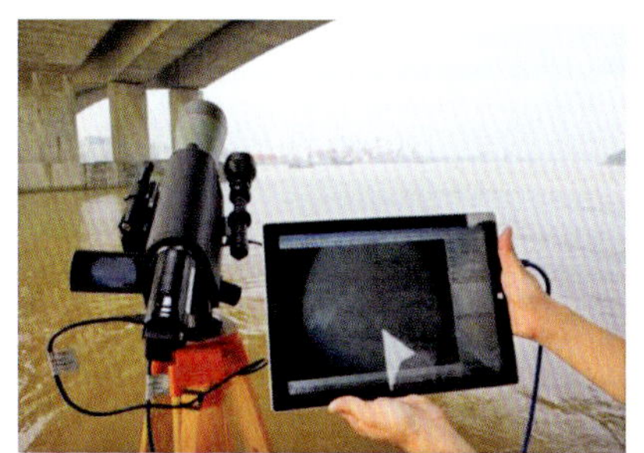

远程观测系统

无人机

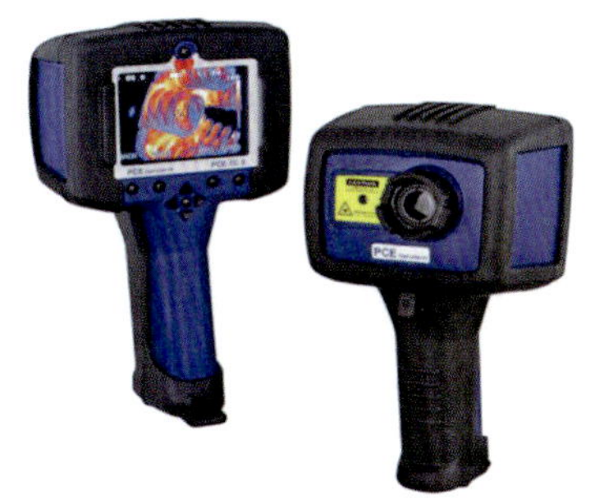

红外成像仪

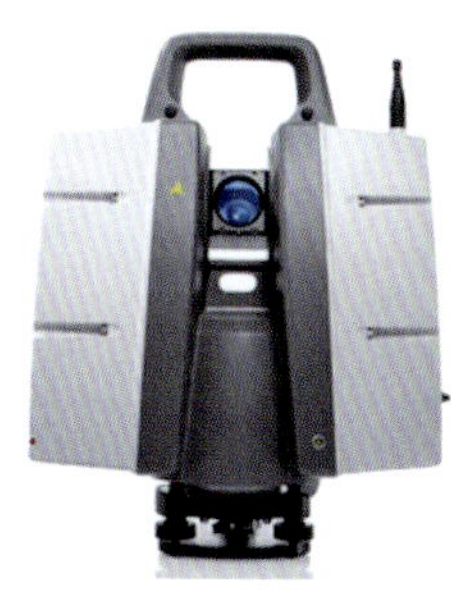

徕卡 ScanStation P30/P40

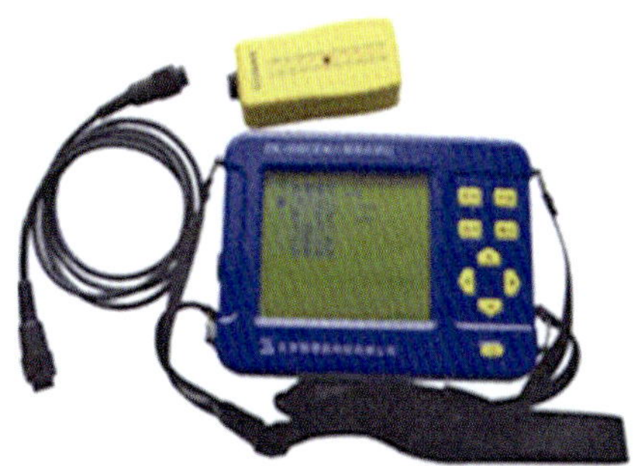

钢筋探测仪

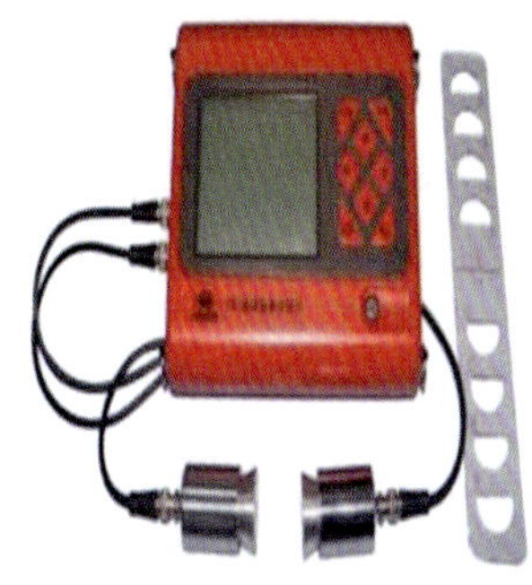

F51 型裂缝深度测试仪

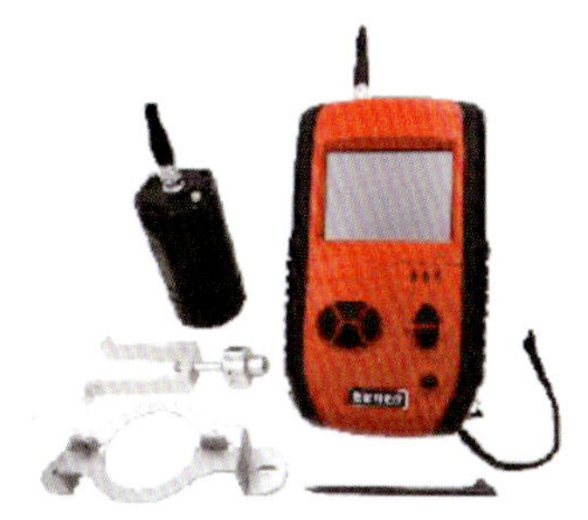

ZT501 型裂缝测宽仪

折臂式桥梁检测车

图 6-5-6 公路检测设备

该平台经广东省交通运输厅推荐列入《交通运输部 2018 至 2020 年公路水路基础设施建设三年滚动计划》，已获批软件著作权 14 项，获颁 2017 中国“小谷围”互联网 + 交通运输智慧公路主题赛、综合运输服务大数据主题赛两项优胜奖，且编制完成企业级规范 34 本。

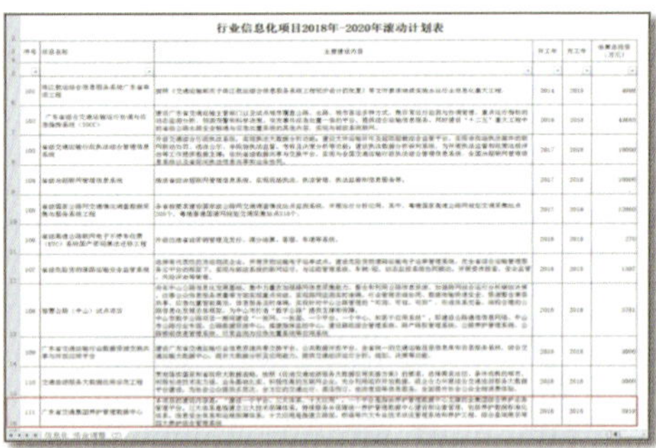
行业信息化项目2018年—2020年滚动计划表

图 6-5-7 获奖荣誉组图

## （三）应用全国先进的“交通工程检测数据智能系统”

该项目应用的“交通工程检测数据智能系统”是2014年自行研发完成的，并在珠海连接线全线试点实施。

该系统主要功能有：样品取样登记管理、关键试验数据自动采集实时上传、拌和站生产数据自动采集实时上传、养护温湿度数据自动采集实时上传、试验过程视频录像、试验室实时监控、异常数据自动报警（拌和站材料超差、钢筋、水泥、混凝土等试验结果）等。对于加强项目质量控制、提高项目质量管理、提升项目管理信息化水平、杜绝试验造假等起到重要作用。

图6-5-8 局部地形图

# 六、机载激光三维扫描技术的应用

为保证工程建设质量，提高测设工作效率，中交第二公路工程勘察设计研究院有限公司（以下简称工研院）在该项目工程地形图测量上采用机载激光三维扫描，利用超低空航空摄影，生成全线彩色影像图，并对全部航片进行三维数字化处理，生成数字化地形图，大大提高了勘察设计的精度，特别是全线按 1 ： 1000 的大比例成图，再通过辅以勘测外业的地面测量采用 GPS-RTK 和电子数字水准仪采点，对原三维数字化地形图进行加密和修正，建立了高精度数字地面模型，提高了测量精度和工作效率。

为了适应西藏海拔高、气候寒冷的自然条件，工研院根据《公路沥青路面施工技术规范》(JTG F40-2004)，对该项目进行了路面专项课题研究。因该段属于 2-3-3 区（夏热冬冷半干区），结合路基填料、路基干湿类型，主线土基回弹模量取大于 40 兆帕，路面上部结构层中各层材料情况为：4cmAC-13C(SBR 改性 ) 上面层 +SBS 改性乳化沥青黏层 +6cmAC-20C 中面层 +SBS 改性乳化沥青黏层 +7cmAC-25C 下面层。对路面结构层采用新技术、新材料，确保了高海拔严寒地区路面结构的质量和使用寿命。

图 6-6-1　蒙普特大桥

# 第七篇　环保篇

# 概 述

对于昌加改造工程项目而言，各参建单位积极响应党中央关于生态建设和环境保护的号召，把加强生态环境建设作为重要指标。从环保规划、组织机构建立、制定环保管理办法，再到职工环保意识教育，形成生态环境保护全流程管理，用切实行动践行了“绿水青山就是金山银山”的发展理念，不仅把“像保护眼睛一样保护环境”的观点厚植于这片土地，更是让全民动员起来，筑起保护西藏生态环境的绿色长城。最终呈现给全国人民的不仅有便捷满意的交通出行条件，更有西藏自治区的山川秀美、风景如画。

昌加改造工程项目自2018年初开工建设以来，在西藏自治区环境保护厅、昌都市、卡若区环境保护局的大力支持下，昌都至加卡段项目指挥部深入贯彻《中国人民共和国环境保护法》，大力倡导文明施工，秉承“不破坏就是最好的保护”的建设理念，严格施工规范、规程，积极采取环境保护有效措施，确保项目建设与环境保护同步进行，取得了良好的社会效应，为实现西藏自治区党委、政府、交通运输厅给予项目的既定目标奠定了坚实的基础。

# 一、环境保护工作依据

该项目依照西藏自治区环境保护厅于2013年6月3日印发的《关于西藏昌都至邦达机场专用公路新改建工程环境影响报告书的批复》（藏环审〔2013〕141号）文件作为环保工作的主要依据。

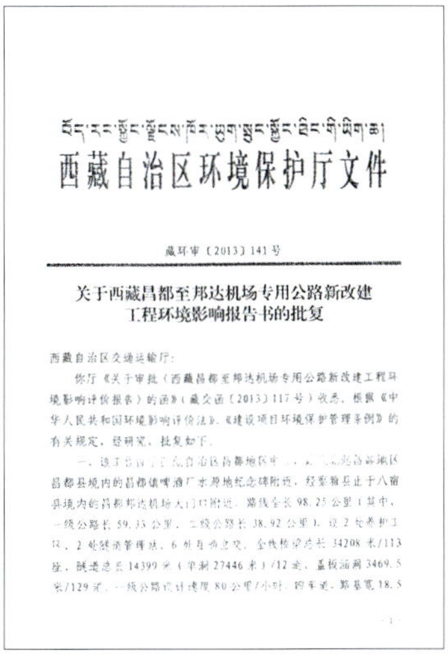

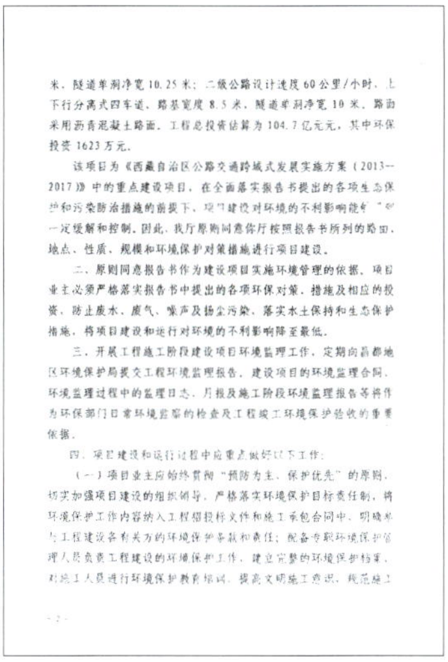

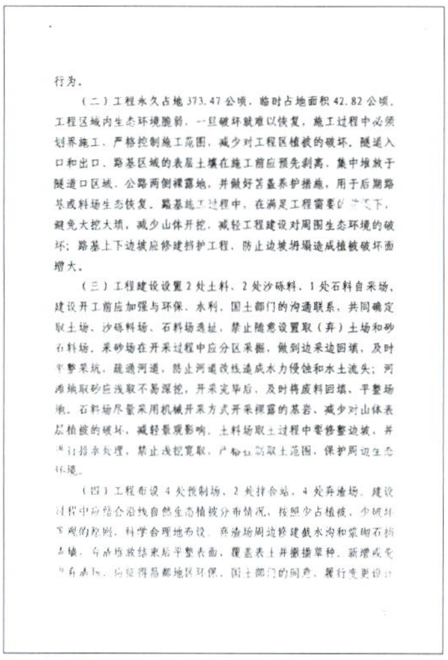

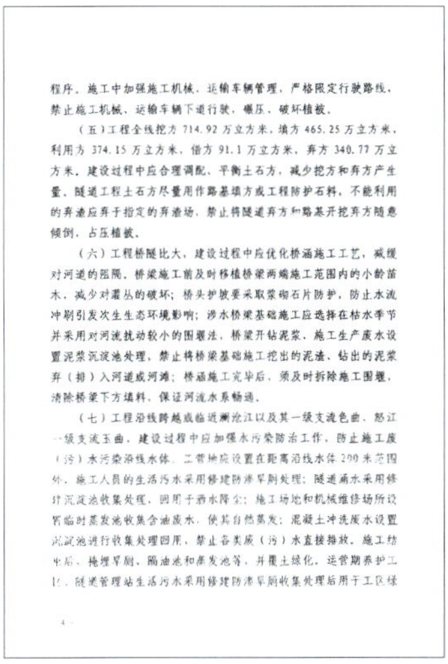

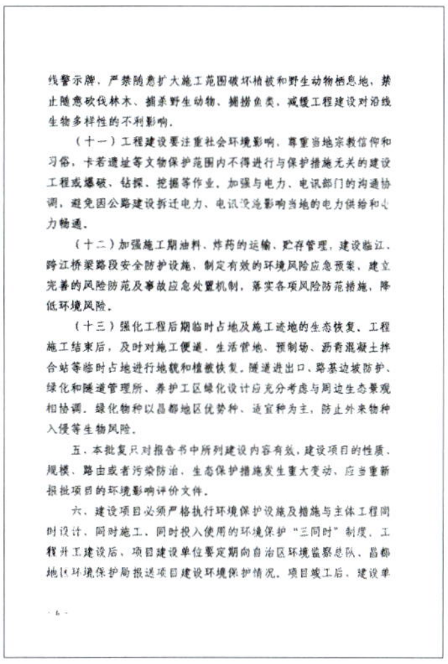

图 7-1-1 环保批复文件（部分）

## 二、环境保护工作总体目标

该项目秉承“不破坏就是最好的保护”和“环保先行、文明施工”的建设理念，严格执行施工规范、规程；坚持从施工细节入手，有效预防和消除因施工造成的环境破坏，切实保护工程范围以外的土地和植被，维护沿线生态环境，实现项目环境保护建设目标——把昌加改造工程项目建设成为一条“环境破坏小、耕地保护好、水土保持佳、循环利用适”的自然和谐生态路、环保路、旅游路、景观路、富裕路。

## 三、环境保护具体举措

### （一）总体指导思想

通过绿化设计使沿线的绿化美化工程满足道路交通功能的需要，改善行车条件，使公路更为安全、快捷、舒适。同时给道路增添绿色，使道路更具地域特色及观赏性，绿化工程设计采用突出昌都当地人文景观及民俗特色，简单易行又节省投资的绿化方案。

该设计的总体要求是，在工程技术的基础上结合园林、生态学原理，利用地形地貌造景，建造绿色通道。为此，该项目的环境保护工作借助公路两旁的自然植物群落以及公路环境中人工植物群落的建立，采用障景、借景等造景手法，通过植被的分割变化来衬托道路的植被轮廓线，从而形成一条绿色风景线。

在该项目中，环境保护工作贯彻“预防为主、以治为辅、综合治理”的原则，考虑到道路系统的线形布局，空间跨域范围大，周边环境差异大，在环境和绿化景观设计方面要求全盘考虑、统一规划、协调一致，突出主要功能，讲求实效。

图 7-3-1 裸土覆盖、及时清理垃圾现场组图

## （二）总体原则

该项目严格遵守各相关设计标准和规范要求，严格执行环境保护与主体工程的“三同时”制度，贯彻“预防为主、以治为辅、综合治理”的原则，协调环境保护工程与公路总体设计的关系。在设计阶段，环境保护工作遵循以下原则：

1. 综合性原则

以公路景观为基本范围，同时考虑视线所及景观、相关风景旅游资源、城市社会经济发展与公路之间的关系，确保公路景观建设处于良性循环状态。

2. 安全舒适原则

公路景观首先满足公路行车安全要求，通过景观规划改善行车视觉环境，减少司机疲劳，创造舒适柔和的行车环境，提高安全标准。视觉安全是公路景观设计的特殊要求，公路景观设计在结合和借鉴城市道路景观的设计理念的同时，要注重严格区分公路景观设计和城市园林设计的不同，公路景观更加注重自然、宏伟、大气，在视觉上注重远景和宏观感觉，不能因过多外部原因分散驾驶人员的注意力而影响驾驶安全。

3. 因地制宜原则

公路景观采取因地制宜的方法，做到“宜绿则绿，重点突出”，充分结合自然地形、地物等自然条件创造景观。植物选择以乡土树种为主，突出当地植物的景观特色，同时也可以降低养护难度，提高树木成活率，降低工程造价。

追求自然、和谐统一的原则，把公路建设融入当地的自然环境中去，追求自然的原有风格。

4. 环境保护原则

在公路建设中，同步协调景观工程与生态性工程、环保工程，才能发挥工程投资的综合效益，在保护环境的同时发挥景观的社会效益和经济效益。

5. 生态优化原则

通过公路景观建设，改善沿线生态环境，给当地居民创造一个良好的生活、生产环境。

6. 景观美学原则

按美学理念规划设计公路景观建设，提高公路景观艺术水平。

## （三）环境保护工程设计

1. 声环境

该项目设计声屏障设置段落共计1处，位于K1+530—K1+980路基土路肩边缘外和混凝土护栏上，此处正为居民区。

该项目经过西藏昌都地区，这里少数民族聚集，声屏障形式选择与周围环境相协调，外观形式简洁、通透的声屏障形式。

声屏障采用上弧式声屏障型式，声屏障由金属吸声屏体（铝合金面板、镀锌钢背板）和15毫米厚加筋亚克力透明屏体组成。金属吸声屏体内有吸声介质，使噪声通过面板时达到吸声效果，中间透明板为反射板屏体结构，声音通过面板反射达到隔音效果，不会影响司机的行车视距，外形美观，视野开阔。该种声屏障上层弧形吸声板，吸声性能好，重量轻，能降低噪声污染，弧形结构能有效地阻挡声音的传播，不仅造型美观，透视性能好，材料还易于加工，安装简便，易于景观设计和制造生产。

2. 水环境保护设计

（1）污染源分析

该项目运营期的污染源主要为以下两个方面：

① 降雨冲刷桥面、路面产生的径流，含油污水等造成的污染。

② 装载有毒、有害物的车辆因交通事故泄漏或滴漏，以及泄漏后路面清洗产生的废水。

如果以上污水沿着汇水流入澜沧江，会污染澜沧江水质，进而对下游地表水体带来一定的破坏。

（2）污水处理工艺

①正常工况。

正常工况指在降雨情况下，雨水径流冲刷桥面上的机动车尾气排放物、汽车泄漏的油类以及散落在路面上的其他有害物质，以上污染物随径流通过泄水管汇集后，进入沉淀池。沉淀池具有隔油、沉淀效果，可以把污水中一部分污染物质进行处理后排出。雨后及时排空沉淀池，保持沉淀池有足够的容积以备下次使用。

②非正常工况。

非正常工况是指当桥上发生化学危险品运输车辆翻车、危险品泄漏等事故情况下，危险品径流或消防水等通过泄水管汇集后，进入沉淀池。此时，关闭沉淀池出水口阀门，把事故废水收集后，交由具有处理能力的污水处理公司进行处理。

（3）桥面径流收集设计

按照《公路环境保护设计规范》的要求，对跨越澜沧江的桥梁均设置完备的桥面径流收集系统，桥面雨水收集至桥下沉淀池，经隔油、沉淀后排入附近沟渠。

桥面径流收集部分，由主体工程施工单位把排水管接入沉淀池中。

（4）径流收集处理池容积确定

该项目设计中以收纳事故径流为设计目标，其容积能满足一般危险品事故径流收纳要求，液态危险品运输车辆容积为 20 ~ 40 立方米。

（5）沉淀池主要技术参数

①尺寸规格。

设计沉淀池有效容积为 100 立方米，调节容量 15 立方米，沉淀池规格尺寸设计参数为：池体长 $L$ = 5960 毫米，池体宽 $W$ = 5960 毫米，高 $H$ = 3830 毫米。沉淀池顶板厚 $t_{顶}$ = 150 毫米，壁板厚 $t_{壁}$ = 180 毫米，底板厚 $t_{底}$ = 180 毫米。

②设计条件。

抗震设防烈度 7 度，设计基本地震加速度值 0.15 克。

池顶活荷载取值 20 千牛 / 平方米，池边活荷载标准取 50 千牛 / 平方米。池壁荷载考虑满水状态最大荷载。

③运行方式及要求。

正常情况时沉淀池阀门 A 常开，阀门 B 常闭，下雨时截留初期雨水经管渠收集后汇入初期雨水沉淀池，经一定时间沉淀，上清液溢流排出入桥下排水沟，排入附近沟渠。雨停后，开启阀门 B，放空水池待用。

沉淀池兼作紧急事故处理池，遇到突发情况，可关闭阀门 A，切断水池与地表水体联系，防止危险品对水体造成污染，立即通知具有处理能力的污水处理机构进行处理。

3. 水土保持工程设计

（1）水土保持设计原则

该项目设置取土场、弃土场、施工场地等临时占地，项目完工后，对临时工程占地进行回覆表土土地整治，根据临时工程原占地类型进行绿化恢复或复耕。在路基

图 7-3-2　施工过程中采取保持水土措施组图

工程篇中，取土场已设计了完善的边坡防护工程和截排水沟等具有水土保持功能的措施，其工程量均计入主体工程，环境保护与景观设计依据主体工程的临时占地资料，进行绿化恢复工程设计。

（2）水土流失防治标准

该项目位于横断山脉西北部、青藏高原东南部边缘地带的西藏昌都地区，地势北高南低，东西呈 W 形，平均海拔 3500 米。境内地形复杂多样，切割明显，险峰峻岭，沟壑纵横。昌都地区属中纬度地区，受地形的影响，高原寒温带季风性气候混杂。

根据《西藏自治区水土保持规划》，西藏自治区水土流失面积为 103.42 万平方米，占西藏自治区总面积的 84.19%。其中，水力侵蚀面积占总土地面积的 5.05%；风力侵蚀面积占总土地面积的 4.12%；冻融侵蚀面积占总土地面积的 75.02%。该项目位于西藏东部地区，属于西藏自治区划定的省级水土流失重点治理区，土壤侵蚀类型属于青藏高原冻融侵蚀区，沿线土壤流失强度以中度为主。

（3）水土保持工程设计

①取土场植草防护。

取土前在场地周边布设浆砌片石排水沟，取土边坡采用植草防护，排水工程及边坡防护数量已计入主体工程。

施工完毕后，根据占地类型进行复耕整地或者绿化整地。恢复植被的取土平台覆土后进行绿化整地，平台种植灌木紫穗槐、林下撒播混草籽披碱草 + 早熟禾 + 紫花苜蓿，紫穗槐选用一年生苗，高 40 ~ 60 厘米，株行距为 1.5 米 ×1.5 米，林下撒播混草籽，混草籽披碱草、早熟禾、紫花苜蓿比例为 3∶1∶2，混草籽用量 120 千克 / 公顷。

②弃土场设置挡土墙。

弃土前在场地周边布设浆砌片石排水沟，弃土边坡坡脚设置挡土墙进行拦挡，边坡采用植草防护，排水、拦挡及边坡防护数量已计入主体工程。

## （四）景观绿化设计

### 1. 路侧绿化景观设计

路侧绿化景观设计以水土保持、改良土壤、稳定边坡为目的，是边坡防护的一种重要手段。绿化景观设计在保证边坡稳定的基础上适当美化，使之具有良好的功能性及景观性。

2. 隧道洞口绿化景观设计

隧道绿化景观主要为捏大桶以及加卡隧道洞顶仰坡的绿化景观设计。隧道洞顶仰坡绿化景观设计为恢复性设计，使之与周边的自然环境相协调，主要采用山桃、金露梅、高山杜鹃等乡土植物。

3. 中央分隔带绿化景观设计

中央分隔带在绿化植物选择方面首先考虑其安全运行功能，保证有防眩遮光效果，注意景观效果的创造。选用圆柏沿测设中心线交替种植，株距 1.5 米，中间铺植生毯。回填种植土不小于 0.5 米，种植土不含砂石、建筑垃圾等，最好为疏松湿润、排水良好、富含有机质的肥沃壤土，pH 值在 5.0 ～ 7.0 之间较为理想，达到环保标准。

## （五）各参建单位具体措施

1. 建立健全文明施工管理组织机构

各个施工现场成立以项目经理为组长，生产、技术、质量、安全、消防、材料、保卫及卫生管理人员为成员的文明施工管理组织，加强施工现场标准化安全文明工地的组织机构建设。

在施工现场设置治安室，与业主及地方公安部门协作共同搞好项目的治安保卫工作。对职工进行法制教育，要求职工遵纪守法，创造良好的施工环境。

在工地建立一支消防队伍，配备必要的消防设备和救助措施，负责全工地的消防工作。做好“四通一平”，合理规划施工临时用地，在施工场地四周设置排水边沟。

在施工现场设置工程标识牌，注明工程名称、工程概况、施工工期、施工单位及其现场负责人等。设立“安全施工无事故累计天数”和“文明施工宣传”等宣传栏目。深入周围群众，同群众多沟通，让群众了解、理解工程施工。制定各种措施，减少噪声，做到不扰民、不影响群众生活。加强内业资料整理，完善各种资料，做到工程完工，资料编制齐全、真实。

2. 设立环境保护及水土保持组织机构

在工程施工中，为了确保环境保护、水土保持管理目标的实现，该项目成立了环境保护、水土保持监察、管理的实施机构。各个项目部还在安全监察部配置了专职的环保监督员。同时，作业队还指定了兼职的环保监督员，对环境保护、水土保持管理进行监督，负责监督该工程施工环境保护、水土保护措施的落实。对现场施工环境保护、水土保护的直接管理由施工管理部负责，环保、水土保持的具体实施由各施工队、班组负责。

3. 制定环境保护和水土保持目标

该项目施工过程中严格控制临时占地，规范施工便道，采用工程手段对公路进行绿化，在互通区等有条件的区域进行景观设计，在取弃土场进行合理防护的绿化设计。

环保、水保工程与主体工程本着“三同时”（同时设计、同时施工、同时投入使用）的原则同步实施。坚持做到“少破坏、多保护，少扰动、多防护，少污染、多防治”，使环境保护监控项目与监控结果，达到国家及地方政府颁布的关于环境、生态保护、水土保持的法规、方针、政策和法令要求，对施工人员的教育培训率达 100%，保护措施的贯彻执行率和覆盖率达 100%。

该项目从开工到竣工，做到各项环保及水保指标完全满足环境部门的要求，创绿色环保样板工地，配合地方建设一条绿色环保大道。

4. 建立环境保护及水土保持保证体系

根据各参建单位《质量 / 职业健康安全 / 环境一体化体系管理手册和程序文件》，各标段制定了环境保护制度，加强环保基础工作，加强监督检查，落实各项工作责任制，形成环境保护保证体系，实现环保目标。

5. 开展文明施工管理工作

（1）防止水污染措施

①凡需进行混凝土、砂浆等搅拌作业的现场，设置沉淀池。废水排入沉淀池内经两次沉淀后，方可排入沟渠或污水排放管道，也可回收用于洒水降尘；未经处理的泥浆水，严禁直接排入河流或污水管道。

②施工过程中产生的生活污水不准排入农田、耕地、饮用水源、灌溉渠道和河流。施工机械要防止严重漏油，禁止机械在运转过程中产生的油污水未经处理就直接排放。施工中对含油废水及机械废水、废油采取有效措施，设隔油池进行集中处理，禁止废水乱流或排入河流。

③施工现场要设置专用的油漆和油料库，油库地面和墙面做好防渗漏的特殊处理，使用和保管由专人负责，防止因油料的跑、冒、滴、漏而污染水体。

（2）防止空气污染措施

①施工现场垃圾做到及时清运，适量洒水，减少扬尘，严禁随意抛撒而造成扬尘。临时施工道路面层可采用礁渣、细石沥青或混凝土以减少道路扬尘，同时随时修复因施工而损坏的路面，防止浮尘产生。

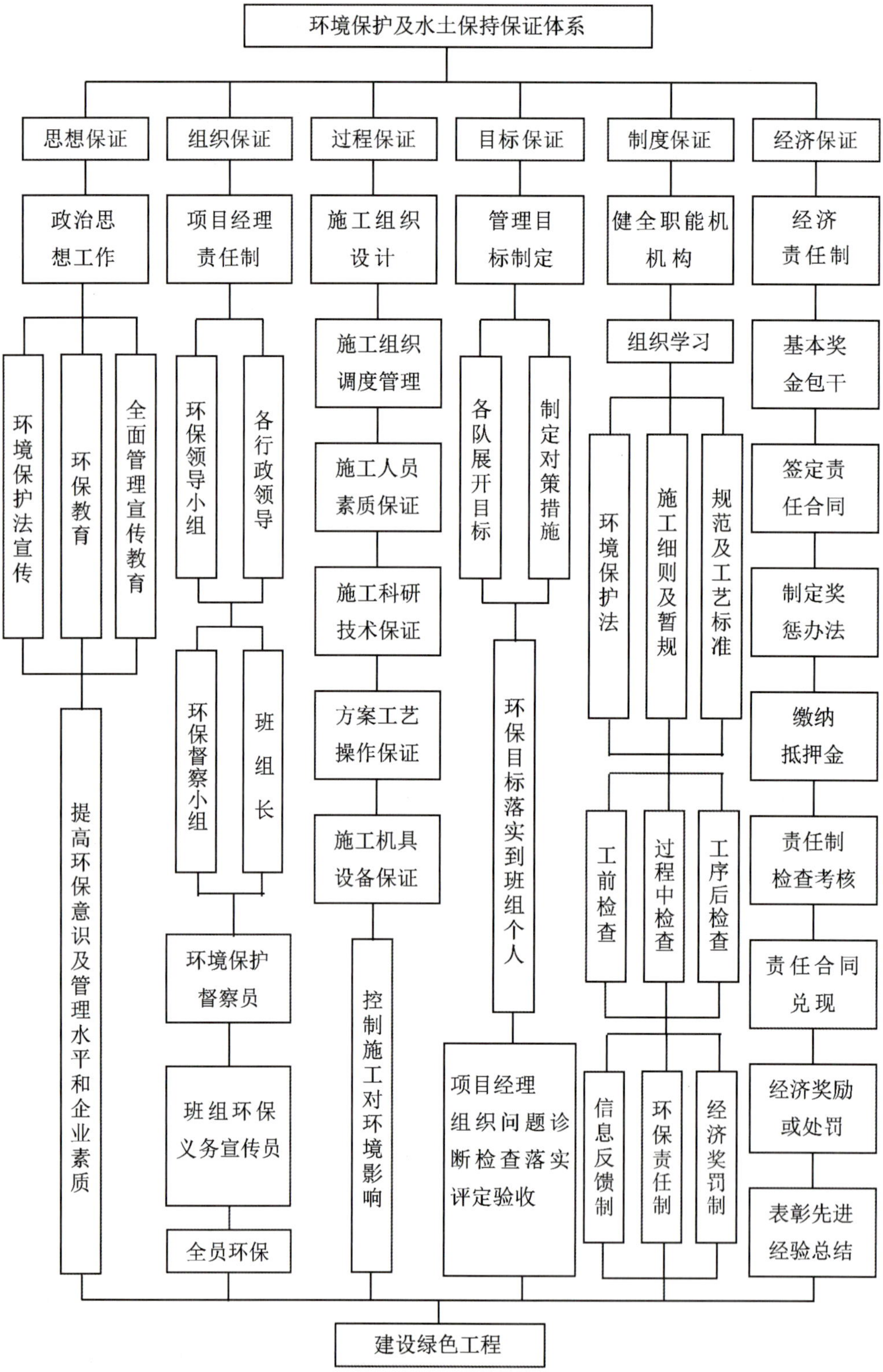

环境保护及水土保持保证体系

- 思想保证
  - 政治思想工作
    - 环境保护法宣传
    - 环保教育
    - 全面管理宣传教育
  - 提高环保意识及管理水平和企业素质
- 组织保证
  - 项目经理责任制
    - 环保领导小组
    - 各行政领导
  - 环保督察小组
  - 班组长
  - 环境保护督察员
  - 班组环保义务宣传员
  - 全员环保
- 过程保证
  - 施工组织设计
  - 施工组织调度管理
  - 施工人员素质保证
  - 施工科研技术保证
  - 方案工艺操作保证
  - 施工机具设备保证
  - 控制施工对环境影响
- 目标保证
  - 管理目标制定
    - 各队展开目标
    - 制定对策措施
  - 环保目标落实到班组个人
  - 项目经理组织问题诊断检查落实评定验收
- 制度保证
  - 健全职能机机构
  - 组织学习
    - 环境保护法
    - 施工细则及暂规
    - 规范及工艺标准
  - 工前检查
  - 过程中检查
  - 工序后检查
  - 信息反馈制
  - 环保责任制
  - 经济奖罚制
- 经济保证
  - 经济责任制
  - 基本奖金包干
  - 签定责任合同
  - 制定奖惩办法
  - 缴纳抵押金
  - 责任制检查考核
  - 责任合同兑现
  - 经济奖励或处罚
  - 表彰先进经验总结

建设绿色工程

图 7-3-3 环境保护及水土保持保证体系图

②在施工现场，水泥等粉细散装材料采取库内存放，如露天存放需做到严密遮盖，卸运时采取措施以减少扬尘；现场拌和设备设封闭式围挡及安装喷雾除尘设置。

③运输车辆不得超量运载，运输土石方、建筑渣土或其他散装材料不得超过车斗上沿，运输车辆驶出施工现场前把车斗和车轮冲洗干净，防止带泥土的运输车辆驶出现场并遗撒渣土在路途中。

④对汽车道路要经常洒水，防止尘土飞扬，污染空气，并做好空气质量监测。

6. 环境保护及水土保持措施

（1）加强对职工进行环、水保教育

项目部组织参建人员学习并严格遵守国家及地方颁布的各项环境保护及水土保持法律、法规及规章，加强对员工的环、水保教育，提高环、水保意识，做好施工区环境保护和水土保持工作。

（2）制定并实施环境保护、水土保持措施

各参建单位制定了严格的作业制度，规范施工人员作业行为，做到科学管理、文明施工，避免有害物质或不良行为对环境造成污染或破坏；严格按施工组织设计要求，合理布置、安排施工的顺序、方法、手段和措施；按有关规定要求，做好施工区的全面规划，使全工区的建筑物、道路、生产、生活设施绿化区等达到整洁有序、协调、美观，形成一个整体的优良环境。

在运输工程材料、工程设备、运送垃圾或其他物质时，选择合适的运输线路、运输工具或采取限制载重量等，保证在运输中所经过的道路、桥梁的清洁，不受污染。

在所有施工区、生活区修建标准卫生设施，在施工现场区配备足够数量的带有污物处理装置的临时卫生设施，以方便员工使用。

服从生活区的统一调度，签订供水协议，管理维护用水设施（水表，管道，阀门井等），不私自进行转供水或接水或在管线上安装加压设施，节约用水，提高生产用水的利用率。

工程污水经沉渣池沉淀处理后，把沉渣运输至指定位置。

混凝土拌和站采用全封闭式，配备洒水车在施工便道、作业区、生活区经常洒水防止扬尘。

（3）加强对施工周围林区的生态环境保护

在项目施工中，各参建单位注重加强对施工人员的宣传教育和管理，严禁超越征地范围毁坏森林植被和花草树木，施工活动之外的场地必须维持原状。如所在施工

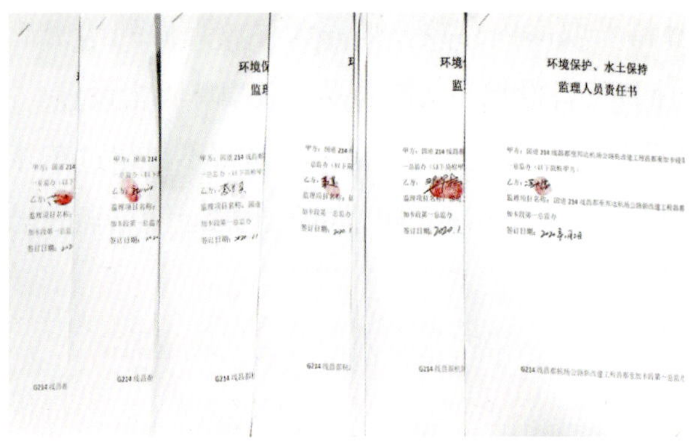


图 7-3-4　全体监理人员签订环、水保目标责任书

图 7-3-5　总监办编制相关环、水保方案

图 7-3-6　所有进场人员进行环、水保施工技术交底现场

图 7-3-7　一总监办对路基边坡铺设生态毯

区内有古木和稀有树种，按监理人员要求进行移植处理。严禁在林区焚烧垃圾或点明火，防止森林火灾。严禁猎杀陆生野生动物及下河炸、电、捕鱼，特别是国家和地方珍稀、濒危保护动植物和鱼类。严禁在林区乱倒施工弃渣及垃圾。在工程完工后的有关规定时间内，拆除施工临时设施，消除施工区、生活区和附近地区的施工废弃物，并按照监理人员批准的设计进行植被恢复或绿化。

（4）加强对施工弃渣利用和堆放的管理

施工车辆出渣时，设挡板且适量装渣以防止沿途掉渣。施工弃渣运到监理人员指定的弃渣场堆放，不得随意倾倒或堆放，以保护澜沧江水域。

弃渣场安排专人管理，统一指挥弃渣堆放，卸料及时推平。弃渣要分区、分层堆放，周转堆存料与永久弃渣分区堆放，并设置标志和隔离措施，防止周转存料受到污染。

弃渣场必须做好排水设施，周围挖截（排）洪沟，防止或减少雨水冲刷或浸泡弃渣，减少弃渣场废水的产生。

根据设计要求或监理人员指示，做好拦渣坝及弃渣表面清理，弃渣边坡及时按要求的坡度整坡，确保渣堆稳定，植被恢复，防止水土流失。

（5）防止饮用水污染及废水、废油的治理措施

在处理生活营地的生活垃圾和污水处理时，均把垃圾堆放在营地指定位置。各参建单位在每一块施工工地都设置了污水汇集设施，施工工地生产废水和生活污水的处理系统经监理批准后使用。

项目部在主要排放施工废（污）水处设置废（污）水处理系统，施工废（污）水经沉淀，实现泥水分离，吸附排除炸药残留物，达到《污水综合排放标准》要求的一级标准后才能排放，防止水源受到污染，并定期对废（污）水处理系统进行清理。

施工区产生的废浆在施工区设置废浆处理池，处理后的废浆运到弃渣场或监理人员指定的地方倾卸，并及时掩埋，防止流失污染环境。

在混凝土生产系统处设置生产废（污）水处理池，混凝土生产系统生产过程中所产生的废（污）水引流到废（污）水处理池进行处理，经过三个废（污）水处理池的三级处理，实现泥水、油水分离，达到排放标准后才能排放。

（6）施工环境和水土保持考核措施

各项目部目标管理领导小组按批准的年度目标对有关责任部门（人）进行月度目标考核，考核结果作为年度岗位任职考核的重要依据之一。目标完成率未达到60%

的，相关责任人的月度岗位任职考核为不称职；目标完成率达到95%以上的，相关责任人的月度岗位任职考核为优秀。

7. 实施减少水土流失的措施

该项目的水土保持工作由环保协调部负责，配置了专职环保员，建立健全了水保体系，坚持“预防为主，综合防治，全面规划”原则，有针对性地采取措施，确保水源、植被不被污染和破坏。

①保护生态，做好水土保持工作，加强对施工人员水土保持的教育和管理。严格遵守《中华人民共和国水土保持法》《中华人民共和国水土保持法实施条例》及地方政府有关法规、条例。

②施工中及时完成施工现场的临时排水系统，及时疏通雨水的排放，以减少雨水对挖填土坡面的冲蚀。填方坡面及时夯实并进行坡面绿化，合理开采取土场和砂石料场，做到文明施工，尽量减少对植被和周围环境的破坏。

③多余的土方尽量用来就地整理坡面，取土场和弃土场及时落实水土保持设计，以便及早恢复植被，减少水土流失。

8. 实施生态环境保护措施

（1）植被的保护

施工中限制人为活动范围，注意保护地表植被。弃土场选择低洼、无地表径流、无植被覆盖或植被覆盖较差、远离线路的荒地，不侵占河道、湿地、自然保护区的核心区和缓冲区。不在植被发育良好的地段弃土。路基采用分段施工、逐段移植的方法，把每个取土场处的草皮切割成规则的草皮块，待路基成型和取土场利用完后进行移植。施工车辆和施工机械严格按规定线路行驶，严禁随意碾压便道外的植被。

施工临时用地完工后必须进行恢复达标，尽量保护自然植被原貌。

（2）维护生态平衡措施

施工过程中做到文明施工，保护施工现场生态平衡，防止和减轻施工过程中产生的粉尘、噪声、振动、废水、废料等对周围环境的污染和危害。

施工营地生活取暖采用的锅炉要配置消烟除尘设备，并达到当地大气污染物排放标准及功能区大气环境质量标准，防止空气污染；生活污水集中排放到指定地点，各种给排水设施、运输设备用防寒防冻材料严密包裹，防止形成新的积水和水污染；水源定期进行检验，积极防治水污染，并注意节约用水；制作封闭式容器收集垃圾，把废弃物集中用专用垃圾车装运至指定地点集中处理，杜绝焚烧有毒废料（废机油、废塑料等）；对被老鼠等觅食过的垃圾堆，及时进行消毒，用土覆盖，防止疫情污染。

施工场地设置沉淀净化池，汇集施工期间的废水、泥浆，经化学净化处理后再集中排放到指定地点。在噪声大、粉尘大的设备上安装隔音板、防尘罩，防止噪声和空气污染。

（3）野生动物保护措施

该项目沿线采取有效的环境保护和管理措施，合理安排施工时间、规范各类施工活动，减少对野生动物的干扰。

在工地周围设立宣传栏，提高环保意识，在野生动物栖息地和野生动物迁移通道范围内，不得进行取弃土、设置施工营地等临时工程；严禁任何单位和个人未经许可擅自进入野生动物活动区；施工场地和生活区周围均设置围栏，防止野生动物闯入。

积极配合自然保护管理部门工作，无条件接受保护监督单位的指导和监督，禁止任何单位和个人非法采集野生植物，严格遵守相关管理条例，对违反规定的单位和个人进行严肃处理和经济处罚；积极配合环保部门工作，及时查处非法盗猎分子；配置野生动物抢救设施和药物，野生动物因意外需要救助时，积极给予救助并立即通知相关管理机构；积极配合自然保护管理部门的工作，无条件地接受监督和指导，严格遵守野生动物保护的管理法规，对违反者追究其法律责任。

# 第八篇 人物篇

# 概 述

任何时候，一群爱岗敬业、努力奋斗的人，一个拼搏向上、甘于奉献的团队都是实现高质量发展目标的关键因素。他们把“幸福都是奋斗出来的”演绎得淋漓尽致。

在昌加改造工程项目中，他们攻坚克难，用专业技能在这片土地上放飞梦想；他们不畏艰苦，在恶劣的环境中挥洒汗水；他们精益求精，同心协力给公众出行提供便利。这些充满正能量的人是新时代的奋斗者，更是缔造幸福的“最可爱的人”。

# 优秀建设者

## 1. 项目指挥长——强巴：做技术过硬的筑路人

图 8-1-1 强巴

强巴，生于西藏、长于西藏、奉献于西藏。从事交通建设行业 26 年以来，在工作岗位上遵纪守法、兢兢业业、任劳任怨，从一名普通科员走到了西藏交通建设集团有限公司副总经理兼昌加改造工程项目指挥长的岗位，从原来的稚嫩少年蜕变成了一名专业知识扎实、技术过硬的筑路人。

担任昌加改造工程项目指挥长以来，强巴深知这份工作任重而道远。刚被任命为昌加改造工程项目指挥部指挥长的他，第一时间来到指挥部熟悉各项具体事务。在短短一个礼拜的时间里，强巴就熟练掌握了各项工作，并快速投入征地拆迁、通信线路迁改等各项协调工作中，积极与市政府和各相关部门沟通，用最短的时间解决了影响工程进度的各项事宜，为项目的顺利推进奠定了良好的基础。

考虑到澜沧江汛期施工对项目的影响，强巴强烈要求各施工单位提前谋划，精心组织，加高便桥、加固水中筑岛、加强临河防护等各项工作。2018 年澜沧江汛期突然来临，对涉水工作影响较大，通过前期采取的一系列措施，把汛期对项目施工的影响降到最低。昌加改造工程项目地理环境狭窄、桥隧占比较高，工期紧、施工任务重，为保证项目如期完工，强巴建议取消冬休，利用冬季枯水季节加大对水中桩基、桥梁架设、梁板预制（采取保温措施）及防护工程的投入，最终在 2019 年汛期来临之前全部完成水中桩基，确保了工程的顺利推进。

“我有两个梦想，希望西藏人民能够在各民族的共同努力下，早日拥有一个良好的出行条件，也希望能够培养更多的西藏公路技术人员，与进藏各族同志一起建设美丽西藏。”这是强巴心里一直有的两个梦想，他正在为实现这两个梦想而努力。

## 2. 指挥部总工程师——陆向民："两路精神"的践行者

陆向民，从小便为了成为一名交通建设者而努力，他有一个梦想，那就是去祖国的边陲奉献自己的力量，为西藏的交通建设事业添砖加瓦。2016 年 6 月，陆向民主动请缨，从中交一公局集团有限公司来到西藏交通建设集团有限公司进行援藏工作。

3 年来，陆向民把组织上的信任作为做好援藏工作的巨大动力。他珍惜援藏工作，认真践行习近平新时代中国特色社会主义思想，充分发扬"两路精神"，以项目建设管理工作为抓手，以对党和人民事业高度负责的态度，履职尽责，较好地完成了各项工作任务。

3 年来，陆向民刻苦钻研、兢兢业业，以"两路精神"背后的先辈们为榜样，专业技能过硬的他不断穿梭在项目的各个施工现场，对工程各个环节的施工都了如指掌。工程质量是他的底线，他要给西藏人民修一条条合格、满意的公路。

3 年来，陆向民深切地体会到援藏工作是一项光荣的政治任务，项目管理工作是一份神圣而又艰辛的工作。在援藏的岁月里，他年年都被公司评为"优秀员工"。

3 年来，陆向民积极参与党委组织的学习和各类培训活动，积极参加各种活动实践，不断提高自身素养。尤其在"学习强国"活动中，得分一直名列前茅，进一步增强了党性修养。

图 8-1-2　陆向民

### 3. 一标段项目经理——王均博：在最艰苦的地方创造人生最大价值

王均博，自2014年1月进藏负责项目管理以来，施工足迹遍布西藏最艰苦、最偏远的地区，为企业创造出较好的经济效益，为企业人才队伍建设培养和项目管理做出了重要贡献。

图 8-1-3　王均博（左一）

2018年1月，昌加改造工程项目中标后，项目经理王均博立即组织人员设备进场，优质高效地完成了各项施工任务，实现了各个节点目标。

昌加改造工程项目地处高原，线路沿澜沧江河谷布设，施工标段3次跨江，涨水期水位高，枯水期天气寒冷，桥梁桩位于陡峭山坡地段，地质条件异常复杂，加上河谷狭窄、运输不便、紫外线强、高原缺氧，施工难度大。面对诸多不利因素，王均博积极协调各方解决技术难题、组织分配劳务资源，形成新颖而独特的涨水期施工方案和冬季施工方案，质量与进度并驾齐驱，形成在全线一路领跑的强劲态势。自2018年2月中标以来，短短10个月时间，他带领的团队完成的产值占标段总投资的52.59%，超前实现“时间过半、任务过半”的目标。

王均博组织强化过程管理，确保质量一流。针对高原气候寒冷、冬季施工时间长的实际情况，王均博采取了强有力的措施，对拌和用水进行加热，保证混凝土出机温度；罐车罐体加装保温套，保证混凝土到达浇筑点时温度符合要求；拌和机装砂料斗每天停机前清理干净，料仓内沙子每天晚上用棉被覆盖，保证第二天上午9时可以开盘；混凝土浇筑时间均控制在上午10时到下午4时之间，系梁和盖梁浇筑后采用两布一膜土工布加棉被覆盖通蒸汽进行养护；墩柱浇筑后拆模前顶部采用棉被覆盖捆绑，拆模后顶部用棉被覆盖，立柱采用成型厚塑料膜把外露面进行包裹通蒸汽养生等，一系列的举措都让王均博在项目评选中拔得头筹，正如他说的“要在祖国最艰苦的地方实现人生的最大价值”。

### 4. 一标段项目经理——田新：狠抓任务不放松，大干百天争先锋

图 8-1-4 田新

田新是昌加改造工程项目部项目经理，先后参加了云南思小高速、云南保龙高速、云南元双公路、西藏林拉公路（一期、二期）、西藏昌邦公路的建设。

林拉项目工作期间，田新组织全员与时间赛跑，在枯水期内完成水位下的桥梁桩基施工，一年内完成桥梁下部和梁板安装施工。获得工布江达县政府“先进企业”奖牌，股份公司“文明施工和节能降耗单项优胜单位”、股份公司团委“青年文明号”、股份公司党委“示范党支部”等集体荣誉。转战昌加改造工程项目后，田新参与编制新颖而独特的汛期施工方案和冬期施工方案。组织两次劳动竞赛，用仅仅 10 个月的实际施工时间，完成标段总投资 52.6% 的产值，他个人也被评为 2018 年“狠抓任务不放松，大干百天争先锋”优秀员工。项目部被评为公司 2018 年度“优秀项目部”、2018 年度“劳动竞赛先进单位”。

2019 年，田新组织全员实现了全线第一家完成梁板预制任务，全线第一家开始桥面铺装等目标，所管理项目被中铁十五局集团评为“优秀品牌项目”，被西藏交通建设集团评为“优秀施工企业”。

### 5. 二标段经济管理部部长——李少勇：扎根高原　甘愿奉献

李少勇，2016 年 5 月开始援藏，现为中铁十七局集团有限公司昌加改造工程项目二标项目经济管理部部长。

自援藏以来，李少勇一直坚持扎根高原，不惧艰苦，秉承缺氧不缺奉献的精神，先后参与了国道 349 线泽贡一级公路、昌邦一级公路建设。累计项目建设 23 千米，完成产值 20 余亿元。

在思想上，他认真学习领会党的路线方针政策精神，关注国内国际形势，学习党

的基本知识和有关文件、书籍，深刻领会习近平总书记的讲话精神，并作为自己思想的纲领，行动的指南；他积极参加党支部组织的各种政治学习及教育活动，时刻牢记为人民服务的宗旨，明白自己所肩负的责任；他积极向党组织靠拢，在工作、学习和生活中增强自身的党性原则，按照新党章规定的党员标准要求自己，虚心向身边的党员学习。

图 8-1-5 李少勇

俗话说："活到老，学到老"，他一直在各方面严格要求自己，努力提高自己，使自己能更快地适应社会发展的形势。通过阅读大量的道德修养书籍，勇于解剖自己，分析自己，正视自己，提高自身素质，做到保质保量完成工作任务。

## 6. 三标段项目经理——岳涛：主动作为 创新管理模式

岳涛，先后参建了高速铁路、市政公路、农村公路、高速公路等项目；修建了连续梁桥、连续梁拱桥、钢拱桥、悬索桥、连续钢构桥、铁路双线隧道等多项工程；历练了工程部长、副总工程师、总经济师、项目经理等不同岗位；考取了一级建造师、造价工程师职业资格证。

图 8-1-6 岳涛

2018 年 1 月，岳涛担任昌加改造工程项目经理后，根据项目实际，建设性地提出"四化五抓"管理模式，带领广大职工接连战胜了高寒缺氧、汛期水患等不利因素，使项目部先后荣获

"劳动技能竞赛第一名""工程形象进度第一名""百日大干优胜项目部"等奖项。此外，他还十分重视民工工资支付问题，在项目上采取"线上"与"线下"相结合的管理模式，深入落实民工工资管理工作，有效保证了劳动者的切身利益，受到了地方政府及社会各方的一致好评。

岳涛身处昌邦机场公路项目管理岗位，心怀"竢实扬华、自强不息"的精神，秉承中铁二局"逢山开路、遇水架桥"的勇气，坚定"知识是保障，能力是基础"的思想，抱着"甘于奉献，青春无悔"的决心，把自己的一腔热忱倾注于雪域高原，为建设祖国不断拼搏、奋勇向前。

### 7. 四标段经理——吕玉良：奋勇争先 树"铁军"形象

吕玉良，中铁七局西藏区域副指挥长、昌加改造工程项目四标经理。在昌加改造工程项目建设中，他带领团队克服各种困难，奋勇争先，在各项评比中，都取得了骄人的成绩，用实际行动把"七局铁军"的旗帜牢牢矗立在茫茫雪域高原上。

昌加改造工程项目是藏区施工难度较大项目，一方面项目地处经济开发区，人口密集且均为康巴藏族，因为风俗习惯和语言沟通障碍较大，给现场拆迁及施工带来了诸多影响；另一方面在业主要求的两年时间里每年的有效施工时间仅为 8 个月。面对高原气候特殊的地理环境和影响工程的各种因素，吕玉良率领项目全体员工继续发扬攻坚克难精神，项目迅速成立拆迁协调小组，不等不靠。他进场后就主动联系昌都市委主要领导协调最紧要的三电迁改，同昌都市经开区及卡诺区政府协商梁场、拌和站、碎石场等临时用地事宜，同时项目部积极对当地群众开展定点扶贫和捐款活动。拉近交流距离，得到他们的理解和支持。

图 8-1-7 吕玉良

两年工期内，他秉承以快取胜的理念，实现年度产值 7 亿元，同时在业主组织的施工生产各项评比活动中奋勇争先，在2018年度西藏交通厅信誉评价中获得自治区第二名，首次取得了AA信用等级，为昌邦公路标段在西藏公路市场树立了优质高效的形象。

从2018年到2020年，吕玉良在带领项目部成长的同时先后获得“十佳青年”“岗位能手”“先进工作者”等荣誉。

## 8. 一总监办项目总监——苏明豪：敢于创新 不断进取

苏明豪，昌加改造工程项目第一总监办总监。1974年出生的他，原本是一名施工建设单位的技术管理骨干，长期在一线摸爬滚打中的所见所闻，使他深刻认识到加强工程监督管理工作的重要性，遂于2002年转入监理行业，开始了他的监理生涯。

图 8-1-8　苏明豪

青藏铁路唐古拉段、重庆轻轨（毛线沟—大坪段）、宜万铁路（宜昌到重庆万州）、西格二线关角隧道（西宁至格尔木，亚洲第一高原特长隧道）、成渝铁路（内江段）、富砚高速（富林到砚山）、雪山梁隧道等工程建设项目留下了他艰苦奋战的身影，让其迅速成长为一名优秀的监理干部。善于积累总结的他，不仅将这些监理工作经验成功运用到昌加改造工程项目上，而且还大胆创新，走出了一条全新的昌加改造工程项目监督管理之路。

为激发团队人员的潜能及团队协作能力，在行业内创先制定了PK金考核办法。即在规定时间内，制定统一目标，设定形式多样的PK奖金，由员工个人进行挑战，达到目标且完成相关任务，并最后通过总监办相关管理人员按照相关内容综合考评的优秀个人，为PK获胜者。这种PK文化的推广，在一监办营造了和谐、积极、创新、竞争的新氛围，充分调动了全体监理人员的工作积极性。

为进一步提高监理人员业务水平和工作能力，提高监理人员工作的主动性和积极性，增强监理人员的风险意识，他和班子成员研究讨论决定，对总监办全体监理人员实行风险金抵押管理制度，风险范围包括安全风险和质量风险。风险金抵押管理办法分为四大部分，即风险金缴纳形式、风险范围、风险金的扣除与奖励、风险金的返还。

这种全员风险金抵押管理办法的实施，增强了全体监理人员的风险意识，提高了全体监理人员的主动管理意识，监理人员由日常的被动工作变成积极主动工作，由原来的出现什么问题就解决什么问题，提升到了提前分析和预判工作中存在的风险点，并提前制定预防、应对措施。

他这种创新、大胆的工作作风，深得施工建设单位和业主单位的好评。

### 9. 二总监办项目总监——田鄂民：安全管理始终放在首位

田鄂民，在昌加改造工程项目建设中担任项目监理负责人一职。

2018 年初，田鄂民受公司委派至昌邦机场公路建设项目，担任项目负责人并开展项目建设工作。

工程伊始，田鄂民认真审核施工单位上报的施工组织设计方案和总体施工进度计划，对可能存在的影响因素进行周密的分析预测，结合实际情况编制阶段进度计划，同时下发给各施工单位落实。

在施工过程中，田鄂民时刻要求监理人员严格按照设计要求和施工规范、昌都市的有关规范、验收标准，对所完成的工程分批、分项验收。田鄂民一直强调在施工过程中要注重安全管理，监理人员要坚持“一岗双责”的理念，做到零事故、零伤害。他还积极参加施工单位组织的技术交底会和施工准备会，并在会议上要求实施首段管理制度，明确质量标准，针对存在的问题和不足提出改进方法和整改措施，形成试验段的总结报告，以指导和完善后续工程施工，确保了后续工程的施工质量。

通过规范化、标准化的管理控制施工单位的工程质量，通过预控以及科学的试验、检测、验收手段，对工程质量实施监控，使工程质量达到合同规定的要求。同时，在施工过程中，田鄂民还会不定期进行现场安全检查，对检查过程中发现的一些不安全因素，直接指出并要求按照标准化建设整改，要求安全监理监控实施建设工

图 8-1-9　田鄂民

作，并形成闭合的资料。保证了在整个项目建设过程中零事故的发生，为工程顺利进行奠定了基础。

在两年多的监理工作中，田鄂民每天深入工地进行现场摸排检查，发现问题第一时间与现场负责人沟通检查，通过有效的管理和积极的协调，圆满完成了阶段的监理工作。

### 10. 广东交科检测有限公司——乐志平：精准检测 严把质量关

自昌加改造工程项目检测工作开展以来，乐志平作为昌加改造工程项目的第三方检测项目负责人，长期在西藏项目生产一线工作。2018年3月至2019年11月期间，主要从事桥梁桩基检测工作，共完成桩基检测2000多根。

图 8-1-10 乐志平

为确保工程质量，乐志平在检测过程中做到科学、公正、公平，数据严谨，对每一根桩基都能提供准确的检测数据，并及时把检测结果汇总反馈给指挥部相关部门。昌加改造工程项目全线 17 次横跨澜沧江，水中桩数量多、施工难度大、水中筑岛风险系数高，这些都是该项目桩基施工中的难点。在项目前期，他多次与各施工单位交流，通过对大量检测结果的分析进行施工，避免出现同类型问题，保证水中桩施工一次性合格、桩基检测工作的顺利完成，检测工作得到了指挥部各位领导的充分肯定。

2020 年，乐志平带领各分项检测组圆满完成了交工检测任务，充分发挥交工检测质量监控作用。该项目根据现场施工实际情况，制定了详细可行的交工检测工作计划，通过合理调配人手把各项工作落实到人，为交工检测工作的顺利开展奠定了基础。同时通过组织开展各项专项质量检测，及时了解、掌握现场施工质量状况，通过对现场检测指标情况进行数据统计，分析各项技术指标的实际情况，并把结果通知到指挥部等相关单位，有利于各参建单位及时掌握质量状况，更好推进工程建设。

## 11. 中交第二公路工程勘察设计研究院有限公司——宋荣波：设计合理 方案变更高效

图 8-1-11 宋荣波

自昌加改造工程项目开工后，作为设计单位，宋荣波担任现场负责人，他有着多年的道路勘察设计工作和多年的现场施工经验，工作能力强、技术全面、沟通能力强，能独立处理现场所有工程变更工作。

宋荣波进入项目现场前，对该项目处于完全不了解的状态，进场后在积极配合业主指挥部、施工单位、监理参与现场全面变更方案的制订、及时提供变更方案和变更设计图等工作之外，还利用空余时间熟悉全线设计文件、了解项目总体概况和重要工点的具体设计。经过不到一个月的时间，大家对他工作的总体评价是“现场处理工程变更合理、果断，变更设计方案、设计图出图及时”。在接下来的工作中，宋荣波在全面完成项目的土建主体工程变更工作之外，还完成了绿化、交安、机电、房建等相关附属工程的全面沟通、协调工作。

宋荣波的工作能力和对项目贡献显著，得到了各参建单位的一致肯定，被推荐为设计单位优秀个人。

# 第九篇 党建篇

## 概　述

党建和文化引领既能增强企业凝聚力，又为企业在正确的道路上健康可持续发展提供强大保证。

在昌加改造工程项目中，各参建单位在主题教育活动、党风廉政建设、党建与业务相融合、企业文化引领等方面积极参与，主动探索，打造了一支支风清气正、廉洁自律的优秀团队，他们经得起考验、扛得住诱惑，为西藏人民的幸福生活谋福祉贡献了自己的力量。

# 一、参建单位党建特色

昌加改造工程项目自进场开始，始终把党建融入项目建设之中，并服务于项目建设，不断夯实相关基础工作，以昌加项目临时党支部为依托，充分发挥党员先锋模范作用，带领全体工作人员提升服务质量，转变工作作风，推动各项工作持续健康发展。为项目的顺利完成，按期通车提供了坚强的组织保障。

在项目建设过程中，各参建单位通过成立临时党支部、落实“三会一课”，扎实推进主题教育和主题党日活动、注重强化思想作风及廉政监督制度建设、注重党建与业务融合发展、联建共建等一系列做法，在项目建设过程中起到了先锋模范作用。

## 1. 指挥部

图 9-1-1 2019 年 6 月 8 日，昌加改造工程项目指挥部召开党建工作会议

图 9-1-2　昌加改造工程项目指挥部观看廉政警示教育片

图 9-1-3　"不忘初心、牢记使命"主题教育

图 9-1-4 第二总监办长跑活动 —— 庆祝中华人民共和国成立 70 周年

## 2. 一标段

图 9-1-5 “机关村企联建促党建”启动仪式

图 9-1-6　昌加改造工程项目劳动竞赛活动启动仪式

图 9-1-7　二公司西藏片区召开纪念建军 92 周年慰问老兵座谈会

## 3. 二标段

图 9-1-8 昌都项目党工委组织党课学习

图 9-1-9 护旗行动

图 9-1-10　卡若镇、中铁十七局"N+1"党建联盟启动仪式

图 9-1-11　昌邦项目二标"不忘初心、牢记使命"主题教育学习会

## 4. 三标段

图 9-1-12 党员安全质量宣誓

图 9-1-13 昌邦机场公路项目开展"党旗红"活动并慰问特困户

图 9-1-14　昌邦机场公路项目开展清明节主题党日活动

图 9-1-15　西藏昌邦机场公路项目开展“不忘初心、牢记使命”主题教育党日活动

## 5. 一总监办

图 9-1-16 总监办组织全体监理人员召开“廉政建设专题会议”

图 9-1-17 昌加改造工程项目举办“国庆节”前维稳、安全部署及廉政警示教育会

# 二、企业文化

在项目建设过程中，昌加改造工程项目指挥部及各参建单位通过积极创新企业管理制度，开展多项文化活动增强凝聚力，激发员工潜能和团队协作能力，更好地营造各参建单位之间的和谐、团结的气氛，增进项目业主、监理企业、施工企业之间的文化交流。

各参建单位还通过组织开展“主题党日”“我和国旗合影”“唱响我和我的祖国”“祝祖国生日快乐”等活动，营造出的浓厚氛围让广大职工感受到祖国的伟大富强，增强了职工的民族自豪感，激发了大家的爱国热情和凝聚力。

## 1. 指挥部

图 9-2-1　指挥部全体党员参加党建活动后合影

图 9-2-2 五一文体活动

图 9-2-3 篮球比赛

## 2. 一标段

图 9-2-4 “我和国旗合影”活动

图 9-2-5 庆祝中华人民共和国成立 70 周年

图 9-2-6 开展“助力高考送清凉”活动

## 3. 二标段

图 9-2-7 项目书记冯静华（左一）为困难家庭发放慰问品

## 4. 三标段

图 9-2-8　项目部为员工集体过生日

图 9-2-9　昌邦机场公路项目部欢度“三八”妇女节

图 9-2-10 欢庆“十一”国庆

图 9-2-11 户外拓展训练

图 9-2-12　象棋比赛

## 5. 一总监办

图 9-2-13　一总监举办“国庆 70 周年歌唱祖国”活动

图 9-2-14 一总监举办“祝福伟大祖国”国庆 70 周年活动

## 6. 二总监办

图 9-2-15 迎接中华人民共和国成立 70 周年文艺活动

图 9-2-16 “当好主人翁、建功新时代”劳动和技能竞赛

# 大 事 记

## 2018 年

2 月 8 日，昌加改造工程项目正式开工。

2 月 28 日，昌加改造工程项目第三标段首桩浇筑，当同 2 号大桥 4-2 号桩基。

3 月 9 日，昌加改造工程项目举行开工典礼。

3 月 26 日，昌加改造工程项目第二标段首根桩基灌注成功。

4 月 6 日，昌加改造工程项目第三标段第一根墩柱浇筑，当同 2 号大桥右幅 4 号墩柱。

4 月 19 日，昌加改造工程项目第一标段第一片梁生产浇筑。

5 月 10 日，昌加改造工程项目第四标段开始生产第一片 T 梁。

5 月 13 日，昌加改造工程项目开展 2018 年度防汛演练。

5 月 20 日，昌加改造工程项目第三标段第一颗盖梁浇筑，当同 2 号大桥右幅 4 号盖梁。

5 月 22 日，西藏自治区交通运输厅副厅长陈朝到昌加改造工程项目调研。

6 月 2 日，昌加项目第三标段第一片预制 T 梁浇筑，左巴大桥右幅 1-3 号 T 梁。

6 月 18 日，指挥部临时党支部第一次党员会议召开。

6 月 29 日，昌加改造工程项目第四标段隧道开始施工。

7 月 8 日，指挥部召开“狠抓任务不放松，大干百天争先锋”活动动员大会。

7 月 9 日，指挥部召开了党建及党风廉政建设会议。

7 月 18 日，昌加改造工程第二标段第一片 T 梁浇筑成功。

8 月 10 号，昌加改造工程项目第一标段全线首片 T 梁架设。

9 月 14 日，西藏自治区交通运输厅副厅长陈朝到项目上检查指导工作。

9 月 30 日，昌都市文化局在昌加改造工程项目开展了“迎国庆 · 昌都市‘文艺轻骑兵’进企业”慰问演出。

10月2日，昌加改造工程项目第三标段第一片预制T梁架设，左巴大桥左幅1-3号T梁。

10月5日，西藏自治区党委副书记、区政府党组副书记、自治区常务副主席庄严到项目上调研。

11月16日，西藏自治区人民政府副主席坚参到项目上调研。

12月18日，指挥部全体人员观看“庆祝改革开放40周年大会”视频。

12月26日，昌加改造工程项目第四标段加卡隧道贯通。

## 2019年

4月25日，西藏自治区交通运输厅副厅长陈朝调研。

4月29日，昌加改造工程项目开展以“当好主人翁、建功新时代”为主题的技能比武初赛活动。

4月30日，指挥部全体人员召开党风廉政建设学习会议。

5月3日至5月6日，昌加改造工程项目各施工单位在临江施工段位置依次开展防洪、防汛应急演练。

5月14日，昌加改造工程项目第一标段全线首家桥面铺装。

5月24日，西藏自治区主席齐扎拉到昌加改造工程项目指导工作。

5月26日，昌加改造工程项目第二标段完成所有盖梁。

5月28日，交通运输部安全与质量监督管理司巡视员黄勇带队检查工作。

6月23日，昌加改造工程项目第四标段捏大桶贯通。

7月1日，指挥部临时党支部以“弘扬‘两路精神’、展示交建形象”为主线，开展“重温入党誓词”“守初心担使命”为内容的党建专项活动。

7月12日，西藏自治区交通运输厅党委委员、总工程师冯振中调研、检查。

7月13日，昌加改造工程项目第一标段野堆2号特大桥架通。

7月13日，昌加改造工程项目指挥部举行“不忘初心、牢记使命”主题教育调研活动。

8月6日，昌加改造工程项目第一标段全线第一家完成梁板预制任务。

8月9日，昌加改造工程项目第四标段全部T梁生产完成。

8 月 12 日，昌加改造工程项目第一标段全线最长桥梁野堆 3 号特大桥架通。

9 月 29 日，昌加改造工程项目与西藏武警部队第三支队联合举行了以“感恩祖国，共建西藏”为主题的升旗仪式。

9 月 29 日，昌加改造工程项目第一标段野堆 1 号特大桥成功落定架通。

10 月 9 日，昌加改造工程项目第一标段开始全线首家路面底基层铺设施工。

10 月 11 日，昌加改造工程项目第三标段级配碎石底基层试验段首铺。

10 月 13 日，昌加改造工程项目第三标段沥青路面首铺。

10 月 15 日，昌加改造工程项目第二标段最后第一片 T 梁浇筑成功。

11 月 26 日，昌加改造工程项目第一标段主线沥青路面下面层试验段施工完成。

11 月 30 日，昌加改造工程项目第四标段 T 梁全部架设完成。

12 月 4 日，昌加改造工程项目第二标段 T 梁架设工作完成。

12 月 4 日，昌加改造工程项目第三标段侧格 2 号大桥连续刚构合龙。

12 月 5 日，昌加改造工程项目第一标段成为全线首家完成桥梁施工任务的标段。

12 月 13 日，昌加改造工程项目第四标段桥面系铺设完成。

12 月 19 日，昌加改造工程项目第三标段全线贯通，最后一片预制 T 梁架设完成。

## 2020 年

2 月 24 日，昌加改造工程项目召开新冠疫情防控及安全生产紧急视频会议。

3 月 15 日，昌加改造工程项目在新冠肺炎疫情期间如期实现各工点全面复工目标。

3 月 24 日，昌加改造工程项目第一标段沥青中面层开始铺设。

3 月 29 日，西藏自治区交通运输厅党委委员、纪检组组长边巴次仁检查。

4 月 5 日，昌加改造工程项目第二标段沥青路面全面开始铺设。

4 月 17 日，昌都市副市长刘文德一行到昌加改造工程项目指导工作。

5 月 5 日，昌加改造工程项目昌加段指挥部组织全线各施工单位到该项目第一标段野堆 2 号特大桥施工现场，观摩、交流、学习桥梁伸缩缝施工技术。

6 月 7 日，昌加改造工程项目第四标段沥青路面全部铺设完成。

7 月 15 日，昌加改造工程项目第三标段全线沥青路面施工完成。

7月16日，西藏自治区总工会2020年“五送”活动在昌加改造工程项目举行。

7月28日，昌加改造工程项目第二标段沥青路面铺设完毕。

9月17日，西藏自治区交通运输厅党委副书记、厅长徐文强到昌加改造工程项目调研。

9月30日，昌加改造工程项目完成第三方检测工作。

10月7日，昌加改造工程项目建成试通车。

10月28日，昌加改造工程项目完成第四方验证性检测。

11月30日，西藏自治区交通运输综合行政执法总队出具《关于国道214线昌都至邦达机场公路新改建工程昌都至加卡段工程质量核验情况的报告》。

# 附　　录

## 一、人物专访

### 郭普金：砥砺前行四十年 见证昌都交通沧桑巨变

2020 年是西藏自治区昌都解放 70 周年，央视频道连续播出了系列节目，介绍了昌都解放 70 年来的沧桑巨变，观者无不为之欢欣鼓舞。尤其是看到昌都的交通事业跨越式大发展的时候，电视机前有一位老交通人更是百感交集，感慨万分。

作为北京市首都公路发展集团有限公司前任党委书记、董事长的郭普金，跟昌都有着解不开的缘分，他亲历了昌都交通基础设施的贫弱时代，因此也更加为昌都今日交通的通畅与便捷倍感振奋与欣喜。

在 1950 年以前，昌都没有一寸公路，各种物资全靠人背畜驮和栈道溜索运输。昌都解放后，虽然国家对于基础设施投资有所加强，但受限于经济、技术等多重因素，昌都市公路建设直到 20 世纪 70 年代中后期也未有大的改观。

1976 年，刚刚毕业没多久的郭普金被分配到昌都地委党校做了一名教师。时至今日，他还清楚地记得当时赴任旅程的艰辛。先是坐火车到柳园，再辗转拉萨报到，到昌都时已足足走了半月有余。郭普金回忆到，因为当时交通运输条件有限，从拉萨到昌都的卡车不能一次全部装下人和行李，他还被派回拉萨去取行李，一来一回又是整整八天。当时的拉萨市内也只有一段柏油路，出城便是颠簸不平的“搓板路”，昌都市内更是连一段像样的柏油路都找不到，只有几段水泥板路和一座孤零零的混凝土桥，架设在扎曲河和昂曲河的汇合处。老百姓出行走的是砂土路，过河跨的铁索桥，市内的小轿车数量一只手便可数得过来。

晴天一脚土，雨天一脚泥，是当时昌都交通的真实写照。因为交通的不便利，很大程度上造成物资匮乏、信息不畅，导致生活中很多现在看来的小事，都成了一种奢望。以洗衣做饭为例，水源就是大问题。别看身边就是澜沧江，但是江水并不能打来就用。尤其是每年春季过后，高山雪水融化带来的泥沙，使澜沧江变得浑浊不堪。作为唯一的水源，大家不得不在水中加入白矾，沉淀后方可取用。昌都地处高原，漫长的冬季吃菜也并非易事。好在当时党校有空地，大家吃的菜全是靠自己种地解决，但也无非就是萝卜、土豆、圆白菜、大葱这些老面孔，如果能吃上一口莴笋，就很有满足感了。即便是在夏天，蔬菜供应也非常紧俏，当时其他省市供应昌都的蔬菜从成都到昌都至少需要 4 天，碰上泥石流、塌方这种特殊情况，一周也是有的。蔬菜保鲜期短，经常还没运到便已经烂在了车上。肉供应的问题相对好一些，牦牛解决了一部分问题，但是如果想吃顿猪肉大葱馅的饺子，可就难了，究其原因，还是道路不畅，鲜肉运输困难，供应不足造成的。另外，由于交通基础设施太过薄弱，导致其他配套建设也相对落后，当时在昌都看电视完全没有可能，即使是看报纸，看到的往往也都是一周前的旧闻了。

虽然生活已够艰苦，但在郭普金的印象中，真正的苦还是在路上。无论是进修开会还是休假回家，川藏线是必经之路，也是留下记忆最深的地方。都说蜀道难，难于上青天，70 年代末的川藏线之难行也不遑多让。从昌都到成都，1200 千米的路程，快的时候要走上 4 天。每天早晨 4 点多就出发，晚上 10 点多才能到达站休息，饥一顿饱一顿，凉一口热一口，坐不稳睡不好成为了一种常态化的出行体验，让人身心疲惫。而这还算运气好的，如果半路赶上雪崩、泥石流，只能窝在车上，等抢通完毕才能通行。为了做到有备无患，郭普金只要出行肯定会带上两个帆布包，一个包里放大衣，一个包里放饼干和水，以备不时之需。

彼时的郭普金经常会思考一些问题，最关心的当然还是交通建设，在他看来，西藏到处都是宝，有那么多的资源，如果路修通了、修畅了，那该有多好。

从 1982 年离开西藏后，郭普金便再没回过昌都，而这 40 年间，昌都的交通建设正如他当时所想一样，发生了巨大的变化。40 年间，昌都抢抓交通建设发展机遇，加快推进公路建设步伐，创造了"从差到好、从单一到立体"的人间奇迹。尤其是在"十三五"期间，交通建设突飞猛进，完成投资 336.37 亿元，比"十二五"投资同期增长 202.98 亿元，是"十一五"投资的 15 倍。公路网络日趋完善，先后建成国道 6 条，省道 10 条，形成了"四纵三横三联"公路网。公路通畅能力显著提升。全市 138 个乡镇、1142 个行政村通达率均为 100%，乡镇通畅率为 94.57%、建制村通畅率为 68.8%。

在昌都短暂的工作经历，让郭普金深深感受到了交通对城市发展的影响，认识到了"要想富先修路""路路通百业兴"的深刻内涵，也为他今后与交通建设结缘，并成为一名优秀的交通人，践行交通人的使命与职责打下坚实基础。

2020 年，随着昌加高速的贯通，昌都市也拥有了自己的高速公路，谱写了新的历史。如今，郭普金最大的心愿就是再去昌都走一走，亲自感受一下交通提质带来的城市巨变，看一看昌都的全新样貌，把更美好的记忆留在脑海中，也把内心的喜悦传递给更多的人。

## 二、所获荣誉

昌加指挥部获得 2019 年度卡诺区级民族团结进步模范集体

昌加指挥部获得 2018 年度"狠抓任务不放松、大干百天争先锋"活动第一名

昌加指挥部获得 2019 年度脱贫攻坚贡献奖

中铁二局昌加项目部获得 2018 年度安全生产先进单位

昌加指挥部在 2018 年度获得先进项目管理单位

中铁二局昌加项目部获得 2018 年度"四好班子"奖